부처의 마음

괴로움을 내려놓고 즐겁게 사는 지혜

부처의 마음
Heart of Buddha

다이구 겐쇼 지음
이선희 옮김

달먹는토끼

차례

프롤로그   ··· 10

1장 스스로 생각하는 자신이
당신의 모든 것

01   친구가 아니라 적에 불과한,
만나서는 안 되는 네 사람   ··· 21

02   험담하는 사람으로부터 도망치지 않아도
험담은 언젠가 지나간다   ··· 25

03   본인이 없는 곳에서 칭찬하면
상대의 영혼을 기쁘게 만들 수 있다   ··· 31

04   싫고 껄끄럽고 만나고 싶지 않은 사람도
나를 성장하게 만드는 인생의 스승이다   ··· 37

05   '마음을 받는다'라고 쓰고
'사랑'이라고 읽는다   ··· 43

06   인사는 상대와 싸우지 않기 위한
최고의 지혜다   ··· 50

07   진정한 친구는
         고독 속에서 만들어진다   ··· 55

08   훌륭한 사람끼리는
         말을 나누지 않아도 기맥이 통한다   ··· 59

09   남을 살리는 행동은
         돌고 돌아서 자신을 살린다   ··· 63

2장   온 세상을 향해
         무한한 사랑을 발산하세요

10   진리는 책 안에 있는 것이 아니라
         실천 안에 있다   ··· 69

11   인터넷을 이용하면 기술은 몸에 밴다
         하지만 마음은 몸에 배지 않는다   ··· 73

12   최선을 다하는 모습과 진심은
         사람의 마음을 움직인다   ··· 77

13   남의 허물을 보지 말라
         오직 자신이 한 일과 하지 않은 일만 보아라   ··· 81

14   창조적인 연구와 배려로 가득 찬 상품은
         마음에서 우러나야 한다   ··· 85

15   초심을 잊지 말고 남 몰래 노력하라
         그것이 일의 본분이다   ··· 90

16 뛰어난 상사란
자기 일을 부하 직원에게 맡기는 사람이다 ··· 95

17 사업 방식이 이치에 맞으면
이익은 저절로 나오기 시작한다 ··· 99

18 비즈니스에서 중요한 것은
돈이 아니라 기운이다 ··· 103

19 노력과 재능보다 중요한 것은
일에 대한 자세다 ··· 107

3장   행복은
많이 베푸는 것입니다

20 부처님이 가르쳐주는, 부자가 되는 방법 ··· 115

21 돈은 정말로 소중한 것을
손에 넣기 위한 도구다 ··· 122

22 가난에서 벗어나고 싶다면
남을 위해 아낌없이 주어라 ··· 126

23 돈을 버는 올바른 방법과
돈을 쓰는 올바른 방법 ··· 130

24 때가 되면 조용히 죽음을 받아들이는 것이
미망에서 빠져나오는 가장 좋은 방법 ··· 134

25 당연한 일을 당연하게 하면
몸도 마음도 건강해진다 ··· 138

26 약에 의존하지 않고
        건강을 유지하는 방법   ··· 143

27 식사는 공복을 채우는 게 아니라
        건강한 생명을 유지하는 원천이다   ··· 149

28 사명감을 가지고 하루하루 살아가는 것이
        건강과 장수의 비결이다   ··· 153

29 승려가 장수하는 직업인
        다섯 가지 이유   ··· 157

4장 사랑은 마음과 마음을
         연결하는 다리입니다

30 나조차 내 것이 아닌데
        자식이 어떻게 내 것이랴   ··· 165

31 부모가 마음을 열지 않으면
        자식도 마음을 열지 않는다   ··· 169

32 자식이
        이 세상에서 제일 좋아하는 곳   ··· 173

33 현세에서 자신의 행동이
        자손의 흥망성쇠를 정한다   ··· 177

34 대대로 크게
        번성하는 집안의 두 가지 공통점   ··· 181

35 향을 올리는 일은 고인을 그리워함과
        동시에 자신의 마음을 키우는 것이다   ··· 186

36 섹스는 진심으로 사랑하는 사람과
진정한 사랑을 키우기 위한 행위 ··· 189

37 애인과의 추억이 담긴 물건을 버리면
미련도 함께 버릴 수 있다 ··· 194

38 실연의 상처에서 일어서는
세 가지 단계 ··· 199

39 불교에서 말하는
좋은 남자와 좋은 여자 ··· 203

40 배우자가 어떻게 살고 싶어 하는지 알고
그렇게 되도록 도와준다 ··· 207

41 무너진 부부 관계를 회복하는
두 가지 가르침 ··· 212

5장 현재의 순간에 마음을 집중하십시오

42 과거는 이미 흘러간 것이고
미래는 아직 오지 않은 것이다 ··· 219

43 인간은 자극이 없으면 살아갈 수 없다
하지만 자극이 많아도 살아갈 수 없다 ··· 226

44 생명을 소중히 한다는 것은
지금 이 순간을 소홀히 하지 않는다는 것 ··· 233

45 분노의 감정을 극복하는 첫걸음은
'나는 지금 화가 났다'고 인정하는 것이다 ··· 237

46   상대가 욕을 해도 받아들이지 말라
          받아들이지 않으면 화가 나지 않는다   ··· 242

47   절망적인 슬픔에서
          자신의 마음을 구하는 방법   ··· 246

48   폭포 밑으로 떨어지는 게 두렵다면
          노들 들고 열심히 저어라   ··· 251

49   조바심을 가라앉히는
          가장 간단한 방법   ··· 257

50   괴로움을 없애고
          마음의 평온을 찾는 법   ··· 262

에필로그   ··· 266

괴로움을 내려놓고
즐겁게 사는 지혜

이 책을 손에 든 것을 보면, 지금 당신의 가슴속엔 괴로움이 있는 게 아닐까요? 어쩌면 당신이 아니라 당신의 소중한 사람이 괴로움에 빠져 있을지도 모르겠군요. 그렇다면 이 책을 휘리릭 넘겨서 마음에 걸리는 부분부터 읽으시기 바랍니다.

이 책에는 돈, 직업, 건강, 연애, 육아, 가족 관계로 고민하는 사람을 위해 부처님께서 말씀하신, 괴로움을 내려놓는 방법이 쓰여 있습니다.

부처님은 당신의 괴로움을 세심히 관찰해, 그 괴로움의 원인을 찾아내고 어떻게 하면 내려놓을 수 있는지 알아내셨습니다.

부처님은 고뇌를 내려놓기 위해 수많은 시행착오를 거치셨습니다. 하지만 부처님께서 하신 일은 신에게 기도하는 것도 아니고, 쾌락에 몸을 맡겨 일시적으로 괴로움을 잊는 것도 아니며, 고행으로 육체를 고통스럽게 해서 괴로움에서 도피하는 것도 아니었습니다.

부처님은 명상과 참선을 통해 괴로움의 근원이 무엇인지 생각하고, 괴로움을 만들어내는 원리와 과정을 철저하게 관찰했습니다. 그 결과 우리가 느끼는 괴로움은 밖에서 발생하는 게 아니라, 안쪽에서 스스로 만들어낸 것이라는 사실을 깨달았습니다.

괴로움에 휩싸여 있을 때, 우리는 그 괴로움의 원인을 주변 환경이나 다른 사람 탓으로 돌리며 자신의 바깥쪽에서 찾습니다. 또한 다른 사람이나 우주의 섭리까지 자신의 뜻대로 하고 싶다는 강렬한 욕구에 사로잡혀 있습니다. 하지만 괴로움이란 '현실'과 '착각' 사이의 간극으로 인해 발생하는 법입니다.

불안과 불만, 분노, 욕심, 질투, 시기, 고집, 허영, 호불호 등……불교에서는 이런 감정을 통틀어서 괴로움이라고 합니다. 괴로움은 결코 자신의 바깥쪽에서 오는 게 아니라 안쪽에서 만들어짐니다. 그런 현실을 알아차린다면 괴로움을 움켜쥐고 있는 것은 바로 자기 자신이라는 사실을 깨달을 수 있습니다. 그러면 그 괴로움을 내려놓기만 하면 되는데, 좀처럼 그럴 수 없는 것이 사람의 본성이지요.

나는 아이치현 고마키시에 있는, 540년 전에 창건된 선사(禪寺)* 인 복엄사(福嚴寺)에서 태어나고 자랐습니다. 아버지이자 스승으로부터 처음 경전을 받은 것은 세 살, 장례 의식에 따라간 것은 다섯 살 때였습니다. 엄격한 스승과 딱딱한 전통 및 관습에 반발하며 자란 탓에, 고등학교에 들어간 뒤에는 진로를 어떻게 해야 할지 고민에 휩싸였습니다.

미래를 생각했을 때, 되고 싶은 것은 없었지만 무슨 일이 있어도 되고 싶지 않은 것은 있었습니다. 바로 승려였습니다. 승려가 되지 않기 위해서는 자립해야 한다……. 그렇게 생각하고 외국으로 나가거나 몇몇 회사를 차리기도 했습니다.

사업을 하면서 1억 엔 가까운 빚을 지는 바람에, 어떻게 해야

---

* 참선하는 승려들이 수행하는 절.

좋을지 몰라 잠들지 못하는 날들이 이어진 적도 있습니다. 인간 관계에서도 떠났으면 하는 사람은 떠나지 않고, 떠나지 말았으면 하는 사람이 떠나가는 고통을 맛보았습니다.

앞이 보이지 않을 때는 누구에게 가르침을 받아야 좋을지 모른 채 단지 파랑새를 찾아서 이곳저곳 떠돌아다닌 시기도 있었습니다.

구급차에 실려 이송된 적도 몇 번이나 있었습니다. '이제 됐다' '모든 걸 끝내고 싶다' '차라리 죽어서 편안해지자'라고 생각한 적도 한두 번이 아닙니다.

그런데 신기하게도 그런 때에 찾아간 곳은 항상 절의 본당이었습니다. 본당에 혼자 앉아 소리 내어 울었습니다. 아마 어렸을 때부터 스승에게 들었던 말이 뇌리에 새겨져 있었던 것이겠지요.

스승은 내가 길을 잃고 방황할 때, 말없이 부처님 앞에 앉아 있으라고 말씀하셨습니다.

"앞으로 살다 보면 아버지·어머니 말을 들을 수 없을 때가 있고, 선생님 말을 들을 수 없을 때도 있을 거다. 모든 걸 끝내고 싶다는 생각이 들면 잠자코 부처님 앞에 앉아 있거라. 아무 말 하지 않아도 괜찮다. 부처님은 네 마음속 얘기를 몇 시간이라도 들어주신다."

　그토록 승려의 자식으로 태어난 것을 원망하며 승려만은 되지 않겠다고 굳게 맹세했음에도 불구하고, 괴로워서 모든 걸 내던지고 싶을 때는 어느새 울며불며 부처님께 매달리곤 했습니다.

　지금 생각하면 괴로움의 밑바닥에 있을 때, 만약 부처님 앞에 가지 않았다면 지금 이렇게 살아서 책을 쓰는 일은 없었을지도 모릅니다.

　문제에 부딪혀 괴로워할 때, 반드시 보았던 지침서가 있습니다. 바로 불교의 경전입니다.

　35세에 깨달음을 얻고 80세에 열반하실 때까지 약 45년간, 부처님은 각지를 여행하며 사람들의 괴로움을 듣고 길을 제시해 주셨습니다. 그런 부처님의 가르침이 2,600년이라는 시간을 뛰어넘고 민족을 뛰어넘고 국경을 뛰어넘고 성별을 뛰어넘어 지금도 전 세계 사람들의 가슴에 감동을 주는 이유는 그것에 깨달음을 안겨주는 진리가 있기 때문이지요.

　진리란 시대와 장소가 달라져도 변하지 않는 법칙이나 지혜를 말하는데, 그런 진리가 쓰여 있는 것이 불교의 경전입니다.

그런 사실을 알고 나는 단지 경전을 읊조릴 뿐만 아니라, 내가 부딪힌 현실 사회의 문제를 해결하는 데 경전의 도움을 받기 시작했습니다. 그러는 동안 새삼 알게 된 것이 있습니다. 불교의 경전에는 세수하는 방법부터 명상법, 정신 집중법, 가정 화목법, 육아법, 건강법, 재산 증식법에 이르기까지 인생의 모든 괴로움에 대한 힌트가 쓰여 있다는 것입니다.

나는 그런 지혜가 담긴 책의 의미를 곱씹으며 내 안에 새겨 넣고, 사업에서 인간관계에 이르기까지 모든 판단의 기준으로 삼았습니다. 그러자 신기하리만큼 정신이 안정되고, 매일 벌어지는 사소한 사건에 일일이 동요하는 일이 없어졌습니다.

가족을 비롯한 인간관계에서도 불만이나 비아냥거림을 일삼는 불쾌한 사람이 떠나고, 가족처럼 믿을 수 있는 성실한 동료가 늘었습니다.

사업에서도 직원들이 회사 업무를 자기 일처럼 하기 시작했습니다. 직원들끼리 역할과 규칙을 정해서 목표를 향해 달려가고, 매일 닥치는 크고 작은 파도를 서로 머리를 맞대고 의논하며 극복해 매출을 올려주었습니다. 덕분에 지금 나는 내가 만든 모든 회사의 사업 승계를 마치고 주지 일에 전념하게 되었습니다.

나 자신이 변하자 사람들로부터 상담 의뢰가 들어왔습니다. 연애 고민, 건강 고민, 육아 고민, 삶의 의미에 관한 고민, 장래의 꿈에 관한 고민, 회사 경영에 관한 고민 등 주지 일을 하는 틈틈이 이런저런 상담을 하기 시작했습니다.

'이 세상에는 석가모니라는 위대한 지혜자가 발견하고 후대에 전해준, 고민을 내려놓는 방법이 있다. 반면에 불교가 그런 가르침이라는 사실을 모르고 혼자 고민에 휩싸인 채 발버둥 치며 괴로워하는 사람들이 있다. 절이란 무엇인가? 승려의 역할이란 무엇인가? 사람들이 괴로움을 내려놓을 수 있도록, 불교를 더 적극적으로 전해야 하지 않겠는가?'

그렇게 생각해서 만든 것이 「다이구 스님의 일문일답」이라는 유튜브입니다. 가족에게도 말하지 않고 제자와 둘이 소박하게 시작했는데, 4년이 지난 지금 18만 명 넘는 분들이 구독하고, 월 5,000명씩 계속 구독자가 늘고 있습니다.˙

이 책에는 지금까지 내가 해온 고민 상담과 관련해 '괴로움을

---

* 2024년 10월 2일 현재 67만 명.

　　　　　　　　　_____ 부처의 마음

내려놓는 방법'이 쓰여 있습니다. 아울러 인간관계와 일에 대한 고민을 비롯해 금전, 경영, 육아, 가족 문제, 연애, 질병에 관한 고민 등 다양한 사례를 소개합니다.

처음부터 끝까지 고슴도치의 바늘처럼 신경을 곤두세우고 읽을 필요는 없습니다. 직장에서, 가정에서, 매일 생활하는 가운데 불안이나 불만, 스트레스를 느낄 때 펼쳐서 괴로움을 내려놓을 수 있는 힌트를 발견하세요.

여러분이 이 책을 통해 삶의 지혜를 얻을 수 있기를 진심으로 바랍니다.

다이구 겐쇼

1장

스스로 생각하는 자신이
당신의 모든 것

01
친구가 아니라 적에 불과한,
만나서는 안 되는 네 사람

사람들이 당신에 대해 어떻게 생각하는지는 중요하지 않습니다.
스스로 생각하는 자신이 당신의 모든 것입니다.
What people think about you is not important. What you
think about yourself means everything.
부처(Buddha)

이 세상에 다른 사람의 영향을 받지 않고 사는 사람은 아무도 없습니다. 그렇다면 중요한 것은 누구를 만나느냐 아닐까요? 부처님은 "다음의 네 사람은 친구와 비슷할 뿐 적이란 사실을 알아야 한다"고 하시면서 "위험한 길을 피하듯이 적을 멀리하라"고 말씀하셨습니다.

친구가 아니라 적에 불과한 네 사람은 다음과 같습니다.

첫째, 무엇이든지 가져가는 사람

• 남에게 줄 때는 적게 주고, 자신이 받을 때는 최대한 많이 받
  으려는 사람.
• 자신의 이익만 추구하는 사람.

둘째, 말뿐인 사람

• 친구인 척하면서 "내가 그때 이렇게 해줬잖아" 하며 과거의
  일을 생색내는 사람.
• 친구인 척하면서 "다음에 이렇게 해줄게"라고 미래를 부풀리
  는 사람.

셋째, 달콤한 말을 하는 사람

• 눈앞에서는 입에 발린 말을 하고 뒤에서는 험담을 하는 사람.
• 아무런 실속도 없이 겉으로만 번지르르하게 말하는 사람.

넷째, 방탕한 사람

• 술이나 도박에 빠져 정신을 못 차리는 사람.

어느 날, 20대 여성인 S 씨로부터 "소꿉친구인 E를 어떻게 대

해야 할지 모르겠어요"라는 상담 편지를 받았습니다.

E 씨는 S 씨에게 자기 회사 상품을 사달라고 하거나 돈을 빌려달라고 하는 일이 많았습니다. 그래서 S 씨는 어느 순간부터 그녀를 멀리하게 되었고 '소꿉친구인데 겨우 그런 일로 친구를 멀리하는 것은 너무 야박하지 않은가?'라는 고민을 하게 된 것입니다.

S 씨에게 지금의 E 씨는 친구가 아니라 친구인 척하는 것뿐이라고 나는 생각합니다. 그렇다면 설령 E 씨를 화나게 만들더라도 멀리하는 것이 옳은 길 아닐까요?

마음속으로 불쾌하고 잘못됐다는 걸 알면서도 상대의 요구를 들어주면, 어느새 상대에게 휘말리고 농락당하고 맙니다.

반면에 부처님은 "다음의 네 사람은 진심으로 당신을 위하는 친구임을 알아야 한다"고 말씀하셨습니다.

진심으로 당신을 위하는 친구는 다음과 같습니다.

첫째, 도와주는 사람

• 기운이 없을 때 지켜주는 사람.

• 정상적으로 판단할 수 없을 때 올바르게 행동할 수 있도록 이끌어주는 사람.

둘째, 괴로울 때나 즐거울 때나 항상 곁에 있어주는 사람

• 궁지에 빠졌을 때 버리지 않는 사람.

셋째, 당신을 위해서 말해주는 사람

• 나쁜 길로 빠지지 않도록 충고하거나 중요한 정보를 제공해
  주는 사람.

넷째, 공감해주는 사람

• 일이 잘 안 되었을 때 걱정해주고, 일이 잘되었을 때 함께 기
  뻐해주는 사람.

• 남이 당신을 험담할 때 변호해주는 사람.

부처님은 이런 네 친구야말로 진정한 친구이니 진심을 가지고
사귀라고 말씀하셨습니다.

마음이 약해졌을 때, 마음이 욕심으로 가득할 때, 마음속에서
분노가 치밀어 오를 때는 나쁜 친구가 다가오기 쉽습니다. 인간
관계로 인한 괴로움을 내려놓기 위해서는 어떤 사람을 만나고,
어떤 사람을 만나지 않을지 기준을 가져야 합니다. 그 기준은 4명
의 적과 4명의 친구에 관한 부처님의 가르침입니다.

02

험담하는 사람으로부터 도망치지 않아도 험담은 언젠가 지나간다

증오는 언제든지 증오를 통해 멈추지 않습니다.
증오는 사랑을 통해 중단됩니다.
이것은 바꿀 수 없는 법칙입니다.
Hatred does not cease through hatred at any time. Hatred
ceases through love. This is an unaterable law.
부처(Buddha)

부처님은 괴로움이나 방황에서 벗어나는 방법 중 하나로 '인내하는 것'을 들었습니다.

인내하는 것과 참는 것은 다릅니다.

일본에서는 참는 것을 아만我慢이라고 하는데, 아만은 원래 불교 용어입니다. 일곱 가지 만심慢心 중 하나로, 스스로에게 만심을 품은 상태를 가리킵니다. 자신에게 너무 집착하고 자만에 빠져서 거만해지며, 고집을 부리고 다른 사람을 무시하는 상태가 아만입니다.

　현재 일본에서는 아만이란 말을 괴로운 일이나 슬픈 일을 참
는다는 뜻으로 사용하고 있는데, 힘든 일을 괴로워하면서 참는
태도는 '이렇게 귀하고 존엄한 나에 관한 험담 따윈 듣고 싶지
않아'라는 자기애에서 비롯된 것입니다.
　반면에 인내한다는 말은 자신과 타인의 감정에 지나치게 반응
하는 게 아니라 험담을 한 이유와 까닭, 자신에게 일어난 상황을
진실의 눈을 크게 뜨고 관찰하는 것입니다.
　더위와 추위·굶주림·갈증을 인내하고, 비난이나 매도를 받아
도 인내합니다. 그러면 괴로움이나 방황의 근원인 번뇌를 피할
수 있습니다.

　부처님께서 코삼비Kosambī라는 마을에 머물렀을 때의 일입니다.
부처님에게 원한을 가진 사람이 마을의 교활한 자들을 매수해
부처님에 관한 험담을 퍼트렸습니다.
　그 결과 마을 사람들은 부처님을 꺼려 했고, 제자들이 탁발托鉢
을 가도 먹을 것을 얻기는커녕 오직 욕설만 들을 따름이었습니다.
　그러자 제자 중 한 명인 아난阿難이 부처님에게 이렇게 말했습

　　　　　　　　　　　　　　　 부처의 마음

니다.

"이런 마을에 머무르실 필요 없습니다. 여기보다 더 좋은 마을이 있을 테니 그쪽으로 가시는 게 어떠신지요?"

그러자 부처님은 아난에게 이렇게 되물으셨습니다.

"그곳에서도 이 마을에서 당한 것과 똑같은 일을 당하면 어찌할 것이냐?"

"그럼 또 다른 마을로 옮기셔야겠죠."

이에 부처님은 다음과 같이 아난을 타일렀습니다.

"아난이여, 그러면 어디까지 가도 끝이 없지 않느냐? 비난을 받을 때는 조용히 인내하며 그 비난이 끝나기를 기다렸다가 다른 곳으로 옮기는 게 좋다. 아난이여, 부처(깨달음을 얻은 자)는 이익과 손해, 비방, 명예, 찬사, 비난, 즐거움, 괴로움이라는 여덟 가지 감정에 따라서 움직이지 않는다. 이런 험담은 이윽고 사라질 것이다."

얼마 전에 C란 여성으로부터 상담 편지를 받았습니다. C 씨는 유치원생 자녀를 둔 엄마인데, 다른 엄마들과의 관계에 지쳤다고 합니다. 엄마들 몇 명이 뒤에서 자신에 대해 험담한다는 사실을 안 것입니다.

그녀는 점점 다른 엄마들로부터 고립되어 '이사 가고 싶다. 아이를 다른 유치원으로 옮기고 싶다'라는 생각까지 하게 되었습니다.

나는 C 씨에게 '인내'라는 해결책이 있다고 말해주었습니다.

험담이 언제까지나 계속된다고 생각하면 괴로울 수밖에 없습니다. 하지만 부처님은 중상도, 비방도, 괴로움도 이윽고 사라지는 법이라고 하셨습니다.

험담을 하는 사람에게도 그럴 만한 이유가 있습니다.

상대를 질투하거나 컨디션이 좋지 않거나 괜한 화풀이를 하는 것일지도 모릅니다. 또 어리석고 소문을 좋아하는 사람들의 이야깃거리가 된 것뿐일지도 모릅니다.

험담을 듣는 사람에게도 그럴 만한 이유가 있습니다.

자기도 모르는 사이에 사람들의 오해를 샀거나 비난받을 만한 태도를 보였거나 자기도 모르게 실수를 했을지도 모릅니다. 어쨌든 험담이 어디에서 태어났는지, 그 이유를 냉정하게 확인해보시기 바랍니다.

이때 중요한 것은 자신의 마음속에 검문소를 설치하는 것입니다.

국경에는 검문소, 즉 출입국 심사소가 있습니다. 누구든지 국경을 자유롭게 드나들게 하면 선의를 가진 사람뿐만 아니라 악의를 가진 사람도 들어오기 때문이지요.

그와 마찬가지로 자신의 마음속에도 검문소를 설치하십시오. 그리고 상대가 왜 자신에 대한 험담을 하는지 냉정하게 관찰해서 확인하십시오.

자신에게 원인이 있다면 그 점을 반성하고 개선하면 됩니다. 하지만 험담하는 쪽에 문제가 있다면 억지로 그들과의 관계를 유지할 필요는 없습니다. 그냥 자신이 할 일을 하면서 당당하게 행동하면 됩니다. 그러면 이윽고 험담은 사라지고 말 것입니다.

이미 일어난 일에 민감하게 반응해 곧바로 도망치는 것은 가정에도 커다란 부담이 됩니다. 특히 아이에게 어떤 문제가 있는지 제대로 확인하지도 않은 채 한탄만 하는 어리석은 부모가 될 수도 있습니다.

사람은 혼자서는 살아갈 수 없습니다. 항상 다른 사람과의 관계 속에서 살아가야 하는 만큼, C 씨는 이번 기회에 사람과 사람의 관계에 대해서 배울 필요가 있습니다.

그렇게 하지 않고 다른 곳으로 이사하면, 그곳에서도 똑같은 일이 반복될 테니까요.

갑자기 험담이나 욕설을 들으면 자신에게 잘못이 없어도 도망치고 싶어지게 마련입니다. 하지만 그때야말로 자신의 마음속을 냉정히 바라보고 마음을 안정시켜야 합니다. 그 순간이 사람으로서 앞으로 잘 살기 위한 중요한 고비라는 사실을 기억하기 바랍니다.

부처의 마음

03
본인이 없는 곳에서 칭찬하면
상대의 영혼을 기쁘게 만들 수 있다

죽은 자와 한자리에 없는 자는 칭찬해주세요.
그 외에는 아무 말도 하지 마세요.
Of the dead and absent speak well, or not at all.
부처(Buddha)

상대를 끌어당기거나 사람을 움직이게 만들기 위해서는 자신
이 매력적인 존재가 되어야 합니다. 조동종曹洞宗*의 개조인 도겐道
元 선사는『정법안장正法眼藏』이라는 책에서 사섭법四攝法, 즉 상대를
끌어당기는 네 가지 지혜에 관한 글을 남겼습니다.

---

* 가마쿠라 시대(1185~1333)에 송나라에서 일본에 전해진 선종.

보시布施 : 혼자만 가지지 않고 다른 사람에게 자신의 재력과 능
력, 노력을 아낌없이 나눠주는 일.

애어愛語 : 다정한 말과 자애로 가득 찬 말, 애정이 담긴 말을 하
는 일.

이행利行 : 대가를 바라지 않고 다른 사람의 이익을 위해 최선을
다하는 일.

동사同事 : 자신을 버리고 상대와 같은 마음, 같은 처지가 되는
일. 상대가 기뻐하면 똑같이 기뻐하고, 상대가 슬퍼
하면 똑같이 슬퍼하는 일.

사섭법의 네 가지 지혜는 어떻게 하면 좋은 친구를 만들 수 있
는지, 그 비결을 설파한 것입니다. 나는 네 가지 중에서도 특히 애
어를 실천하면 인간관계가 좋은 방향으로 바뀐다고 생각합니다.

애어는 "아기를 대하는 엄마처럼 자애를 가지고 말하라"는 가
르침이지만, 한 가지 흥미로운 점은 어떻게 해야 하는지 구체적
인 방법이 쓰여 있다는 것입니다.

"당사자가 없을 때, 그 사람의 매력을 계속 칭찬한다."

직장인 A 씨는 아랫사람과의 관계 때문에 골치가 아프다며 상
담 편지를 보냈습니다. 아랫사람이 좀처럼 자기 말을 듣지 않는

다, 상사인 자기가 시키는 대로 일하지 않는다는 것입니다.

그런데 자세히 살펴보니 말을 듣지 않은 것은 아랫사람이 무례해서가 아니었습니다. 평소에 A 씨가 아랫사람을 너무 함부로 대했기 때문이지요. A 씨는 애어를 실천하지 않고, 평소에 아랫사람의 단점을 마구 비난했습니다.

상담을 통해 애어의 가르침을 배운 A 씨는 부서 내의 골칫덩어리로 소문난 B 씨에게 애어를 실천했습니다. B 씨의 단점을 비난하는 게 아니라 장점인 독특한 개성을 긍정적으로 평가하며 당사자가 없는 곳에서 칭찬하기로 마음먹은 것입니다.

상사가 뒤에서 자신을 칭찬한다는 이야기를 들은 B 씨는 예전처럼 작은 실수에도 주눅 들거나 어깨를 떨구는 일이 없어졌습니다. 영업 성적이 조금씩 향상되면서 부서의 분위기도 좋아졌다고 합니다. A 씨의 애어에 B 씨가 변하고, B 씨가 변하면서 부서의 분위기가 밝게 바뀐 것입니다.

도겐 선사는 말의 힘을 매우 중요하게 여겼는데, 『정법안장』에는 이런 구절도 있습니다.

"얼굴을 마주하고 애어를 들으면 얼굴에 기쁨이 나타나고 마음이 즐거워진다. 얼굴을 마주하지 않고 다른 사람을 통해 애어

를 들으면 마음에 스며들고 영혼에 깊이 새겨지는 듯한 느낌이
든다."

우리 어머니는 40년간 주지 스님의 아내로, 또한 절에서 설립
한 유치원의 부원장으로 일했습니다. 가나가와현에 있는 목장에
서 태어나 서예가를 꿈꾸며 입학한 대학에서 아버지를 만나 절
로 시집온 분입니다.

가족도 친구도 없는 낯선 환경에서 붓글씨를 쓰는 것 말고는
아무것도 할 수 없었던 어머니는 적어도 애어를 사용하기 위해
노력했다고 합니다.

복엄사의 단가檀家* 중 절에 자주 오는 할머니가 계셨습니다. 할
머니의 입버릇은 "늙으면 죽어야 해. 오래 살아봤자 아무 소용이
없어. 나도 빨리 죽고 싶어"라는 말이었습니다.

할머니는 절에 올 때마다 며느리에 대한 불만과 험담을 장황
하게 늘어놓곤 했습니다. 당시 어머니는 아직 젊어서 할머니의
며느리와 나이 차이가 별로 나지 않았는데, 할머니의 이야기를
들으면 자신의 험담을 듣는 것 같아서 몹시 괴로웠다고 합니다.

---

* 특정 절에 소속되어 제사나 공양 등을 전부 맡기고, 그 대신 경제적으로 절을 지원하는 집.

어느 해 봄날, 할머니의 손자가 유치원에 입학했습니다. 어머니는 유치원에 온 할머니의 며느리와 이야기를 나누고는 내성적이라서 사람을 대하는 게 서툴 뿐 매우 순수하고 사랑스러운 사람이라는 생각이 들었다고 합니다.

"시어머니께서 절에 자주 오세요."

어머니가 그렇게 말하자 며느리는 수줍은 미소를 지으면서 대답했습니다.

"제가 눈치도 없고 사회성이 없어서 실수를 자주 해요. 어머님은 그런 저를 야단치시지도 않고 잘 대해주세요."

그날 이후, 어머니는 할머니가 절에 올 때마다 "며느리가 어르신께 얼마나 고마워하는지 몰라요. 좋은 시어머니라면서요"라고 말하면서 손자의 장점을 덧붙이곤 했습니다.

할머니는 처음엔 "세상에! 우리 며느리가 그런 말을 했어?" 하고 깜짝 놀란 표정을 지었지만, 이윽고 며느리의 험담을 하지 않게 되었습니다. 나중에는 며느리가 자신에게 얼마나 잘하는지, 환하게 웃으면서 칭찬하게 되었다고 합니다.

어머니는 지난 40년의 경험을 통해 애어의 힘을 확신하셨습니다.

"사람은 셋이 모이면 그 자리에 없는 사람의 험담을 하게 마련

이지. 하지만 사소한 애어만으로도 그런 불평이나 험담은 사라지
는 법이란다."

돌고 돌아서 본인의 귀에 들어간 애어는 그 사람의 영혼에 닿
을 만큼 커다란 힘을 가지고 있습니다.

인간관계를 원활히 하고 싶다면 애어를 실천하십시오. 그러면
상대방에게서도 다정한 말과 자애로운 말, 애정 담긴 말이 돌아
올 것입니다.

04

싫고 껄끄럽고 만나고 싶지 않은 사람도 나를 성장하게 만드는 인생의 스승이다

물은 둥근 용기에 담으면 둥근 형태가 되고 정사각형 용기에 담으면
정사각형 형태가 됩니다. 하지만 물 자체에는 형태가 없습니다.

Water takes a round form when held in a round vessel and a
square form when held in a square vessel. However water in
itself has no form.

부처(Buddha)

불교에서는 "진리를 배울 때, 스승은 승려나 종교인만이 아니다. 이 세상 모든 사람이 훌륭한 스승이 될 수 있다"고 가르칩니다.

스승 사師라는 한자를 분석하면 언덕 '부阜'와 두를 '잡帀'으로 이루어져 있습니다. 부는 쌓는 것을 의미하고 잡은 널리 행동하는 것을 의미해서, 스승 사 자는 '많은 사람' 또는 '많은 사람이 모이는 곳'이라는 뜻도 내포하고 있습니다.

대승불교 경전인 『화엄경』에 「입법계품入法界品」이라는 이야기가 수록되어 있습니다. 입법계는 법계, 즉 깨달음의 세계로 들어가는 것을 말합니다.

「입법계품」의 주인공은 선재동자라는 이름의 청년인데, 선재동자는 문수보살의 가르침에 따라 53명의 선지식善知識*을 찾아서 순수하게 가르침을 받습니다.

53명의 선지식 중에는 보살이나 수행승뿐 아니라 여신, 도인, 브라만**, 뱃사공, 의사, 장사꾼, 어린아이, 창녀 등이 포함되어 있죠. 이는 불교가 직업이나 신분, 나이나 성별 따위에 관계없이 어떤 사람으로부터도 배울 수 있다는 것을 상징하고 있습니다.

『화엄경』은 인간 또는 인간 사회가 지닌 모순을 설명하는 경전으로, 선재동자의 여행은 인간의 어리석음이나 나약함, 이율배반을 철저하게 바라보는 과정이었습니다.

선재동자가 열여덟 번째로 만난 사람은 다라당성多羅幢城에 사는 무염족왕無厭足王입니다. 무염족왕은 훌륭한 국왕으로 백성들의 지지를 받았죠. 그는 가차 없이 죄인의 손발을 자르고 귀와 코를

---

* 불교의 올바른 지식을 가르쳐주는 사람. 자신의 길을 완성한 사람.
** 인도 카스트 제도의 계급 가운데 최상위 계급.

베기도 하며, 눈알을 뽑고 살가죽을 벗기고 목을 잘라 불에 지지는 등의 형벌을 가했습니다.

산더미 같은 시체와 새빨간 피 연못을 본 선재동자는 의분에 사로잡혀 무염족왕에게 묻습니다.

"이 참혹한 광경은 그야말로 지옥 같습니다. 아무리 죄인이라고 해도 이렇게까지 할 필요가 있습니까?"

선재동자가 진의를 캐물었더니, 무염족왕은 이렇게 대답하며 자신의 행동을 정당화했습니다.

"중생들에게 죄를 짓지 않도록 할 방법은 달리 없다. 괴로움에 발버둥 치는 죄인의 모습을 보여주면 중생들은 두려움을 느껴, 열 가지 나쁜 업을 버리고 열 가지 착한 도를 행하게 될 것이다."

무염족왕은 사실 죄인을 처벌하지 않고, 부처가 지닌 불가사의한 힘을 이용해 환상을 보여주면서 백성들을 이끌었던 것입니다.

사람에겐 누구나 악행을 저지를 가능성이 있고, 악행을 저지르면 그에 상응하는 대가를 받게 됩니다. 따라서 어떻게든 악한 마음을 억제해야 합니다. 그것을 알려주기 위해 무염족왕은 환술幻術을 이용해서 백성들에게 가짜 지옥을 보여준 것이죠.

스물다섯 번째로 만난 바수밀다녀婆須蜜多女라는 창녀는 선재동자에게 이렇게 말했습니다.

"욕망에 사로잡힌 사람이 나를 찾아오면 집착이 없는 정신 통일을 얻게 하리라. 내 목소리를 듣고 나를 안으려는 자에게는 욕망을 버리라고 설파해서 해탈의 경지로 이끌 것이다."

선재동자는 요염한 바수밀다녀의 모습을 보고, 자신의 마음속에도 그녀에게 몰려드는 남자들과 똑같은 욕정이 있음을 깨달을 수 있었습니다.

사람을 마구 죽이는 살육왕은 무자비한 게 아니라 국가의 안전을 지키고 있었고, 창녀는 결코 더러운 존재가 아니라 욕망에 사로잡히지 않는 경지에 올라 있었습니다.

선재동자는 그들의 진심을 알게 됨으로써 누구나 자신의 스승이 될 수 있다는 것, 욕심이 없고 청렴결백한 사람은 없다는 것, 모든 사람의 마음속에는 어리석음이 자리하고 있다는 것을 깨달았습니다.

복엄사의 나이 많은 신도 중에는 중매로 결혼해 평생을 해로하신 분이 많은데, 반려자를 먼저 보내고 장례식장에 쓸쓸히 앉아 있는 모습을 보면 가슴이 먹먹해지곤 합니다.

오랫동안 병든 남편의 수발을 들다가 먼저 보낸 어느 부인에게 "남편은 어떤 분이었습니까?"라고 물으니 이렇게 대답하셨습니다.

"우리 시대에는 부모가 정해준 사람과 결혼하는 게 보통이라서 상대를 선택할 수 없었지요. 우리 남편은 고집이 세서, 내가 하는 말에는 당최 귀를 기울이지 않았답니다. '좋았냐' '싫었냐'라고 물으면 '싫었다'고 대답할 수 있지요(웃음). 하지만 이 사람을 오랫동안 간병했다가 보낸 지금, 제 마음이 만족감으로 가득 차 있는 것도 사실이에요. 이 사람한테서 많은 걸 배웠고, 이 사람이 있어서 내 인생이 있었던 것만은 틀림없으니까요."

그러곤 "만약 요즘처럼 연애결혼을 할 수 있었다면 절대로 이 사람을 선택하지 않았을 거예요(웃음)"라고 덧붙였지만, 연애결혼이든 중매결혼이든 두 분은 하나가 되지 않았을까 하는 생각이 들었습니다.

싫은 사람, 껄끄러운 사람, 만나고 싶지 않은 사람과의 만남은 필연이라고 나는 생각합니다. 자신 앞에 나타날 사람이 나타나는 것이죠. 싫은 사람, 껄끄러운 사람, 만나고 싶지 않은 사람도 인생을 가르쳐주는 스승이고, 자신을 인간적으로 성장하게 만들어주기 때문입니다.

그런 사실을 알고 있으면 만나고 싶지 않은 사람이 눈앞을 가로막고 있어도, 순순히 받아들일 수 있지 않을까요?

인생을 살면서 만나는 모든 사람이 소중한 스승입니다.

그러니 많은 사람으로부터 가르침을 얻기 바랍니다. 좋아하거나 싫어하는 것으로 사람을 선택하지 말고, 모든 사람으로부터 되도록 많은 가르침을 얻겠다고 생각하면 어떤 사람도 순순히 받아들일 수 있을 것입니다.

부처의 마음

05
'마음을 받는다'라고 쓰고
'사랑'이라고 읽는다

진정한 사랑은 이해에서 비롯됩니다.
온 세상을 향해 무한한 사랑을 발산하세요.
True love is born from understanding.
Radiate boundless love towards the entire world.
부처(Buddha)

부처님이 굉장한 부자 아버지를 잃은 시가라월尸迦羅越이라는 청년에게 올바른 인간관계를 가르친 『육방예경六方禮經』이라는 경전이 있습니다.

육방이란 동서남북의 네 방향에 상하를 더한 여섯 방위로, 각각의 방위는 다음을 나타냅니다.

• 동방東方 …… 부모

- 서방 西方 ...... 처자
- 남방 南方 ...... 사제
- 북방 北方 ...... 친구
- 상방 上方 ...... 승려와 신도
- 하방 下方 ...... 주종 관계

부처님은 여섯 방향에 있는 사람들에게 인간으로서의 올바른 윤리를 실천하면 좋은 인간관계를 쌓을 수 있다고 하셨습니다.

그중에서도 북쪽으로 상징되는 친구에게 다음의 다섯 가지 마음을 가지고 봉사하는 것이 중요하다고 말씀하셨습니다.

첫째, 베풀어야 한다.

둘째, 친절하고 다정하고 따뜻하게 말한다.

셋째, 친구에게 이익이 되도록 행한다.

넷째, 친구를 자신에게 하듯이 대하고, 같은 처지에서 하나가 되어 생각하고 행동한다.

다섯째, 친구를 속이지 않고 약속을 어기지 않는다.

또 친구도 다음의 다섯 가지를 갖고 그 사람에게 봉사하라고 가르칩니다.

첫째, 무기력해져 있는 친구를 사랑으로 돌본다.
둘째, 곤경에 빠진 친구의 재산을 지킨다.
셋째, 두려움에 떨고 있는 친구를 보살핀다.
넷째, 재난에 처해 있는 친구를 버리지 않는다.
다섯째, 친구의 자녀들을 소중히 대한다.

감사와 보은의 마음을 가지고 친구를 대하면, 친구와의 관계는 흔들림 없이 유지될 것입니다.
이 열 가지 봉사와 실천의 마음은 친구뿐만 아니라 육방의 모든 인간관계를 지키는 핵심이 아닐까 싶습니다.

나는 대학원에 다닐 때 유치원에서 일했는데, 당시 미국의 유아 교육을 시찰하기 위해 뉴욕을 방문한 적이 있습니다. 귀국하기 전날에 선물을 사러 미드타운을 걷고 있을 때 갑자기 비가 쏟아졌습니다. 할 수 없이 잠시 비를 피하기로 했죠.
눈에 띈 건물의 차양 밑에서 잠시 비를 피하고 있는데, 빗발은 점점 더 강해질 뿐 그칠 기색이 없었습니다.

'호텔까지 뛰어갈까? 아니, 난 젖어도 괜찮지만 선물은 젖으면 안 되는데…….'

어떻게 할까 잠시 망설이고 있을 때 건물 안에서 나온, 직장인처럼 보이는 키 큰 사람이 들고 있던 우산을 나에게 내밀었습니다. 그러곤 쏟아지는 비를 맞으면서 빗속을 뛰어갔습니다.

귀국 당일에 나는 다시 그곳을 찾아갔습니다. 어제 우산을 주신 분에게 고맙다고 인사하기 위해서였지요.

나는 일단 건물 안내 데스크에서 사정을 설명했습니다.

"어제 이 빌딩에서 일하는 분이 우산을 빌려주셨습니다. 그런데 그분의 이름도, 회사도 모릅니다. 저는 이 길로 일본으로 돌아가야 하는데, 이 우산을 대신 돌려주시지 않겠습니까?"

데스크의 여성이 "하지만 그분이 누구신지는 저도……" 하며 곤란한 표정을 짓고 있는데, 우연히 그 앞을 지나가던 남성이 이렇게 말했습니다.

"그 우산의 주인은 이 빌딩 15층에 계십니다. 직접 전해주시는 게 어떠세요?"

15층으로 올라간 나는 깜짝 놀랐습니다. 그곳은 임원실이었고, 나에게 우산을 준 남성은 그 회사의 VIP였거든요.

남성의 이름은 콜이었습니다. 콜 씨도 깜짝 놀라며 "일부러 우

　　　　　　　　부처의 마음

산을 돌려주러 온 건가요!"라고 말했습니다. 내가 "어제는 고마웠습니다"라고 말하며 준비해 온 과자를 내밀자 콜 씨는 환하게 웃었습니다.

콜 씨는 나에게 우산을 주었고 나에게 이익을 베풀려고 했으며 당황한 나를 지켜주었습니다. 콜 씨가 나에게 한 행동이야말로 육방예의 본질이며, 인간으로서 올바른 윤리를 실천한 것 아닐까요?

나가노현 산속에 추오택시라는 작은 회사가 있습니다. 그곳은 손님의 약 90퍼센트가 전화로 예약하고, 다른 택시처럼 일반 운행을 하지 않는데도 나가노현에서 최고의 매출을 기록하고 있죠.

예전에 추오택시의 우쓰노미야 쓰카사 사장을 만났을 때, 그분이 택시 회사에 근무하면서 택시를 버린 전설적인 운전사의 일화를 말해주었습니다.

운전사 A 씨는 노부부를 나가노에서 나리타 공항까지 태워 가는 도중, 고속도로에서 엄청난 정체에 휘말렸다고 합니다.

'이대로 가면 비행 시간에 늦는다……'

그렇게 생각한 노부부는 그곳에서 전철로 갈아타기로 하고 가장 가까운 역에 세워달라고 했습니다. A 씨는 전철역에 노부부를 내려준 다음, 무슨 생각을 했는지 자신도 택시에서 내렸습니다. 그러고는 그 노부부와 같이 전철을 타고 나리타 공항까지 갔습니다.

A 씨는 왜 택시를 버리고 노부부와 같이 공항까지 갔을까요? 공항에 가려면 도쿄역에서 전철을 갈아타야 하는데, 노부부가 복잡한 도쿄역에서 헤매지 않을까 걱정되었기 때문입니다.

A 씨는 '이 손님이 우리 부모님이었다면 어떻게 할까?'라고 자문한 뒤, 끝까지 모셔다드리기로 결론을 내렸던 것입니다.

손님과 같은 처지에서 하나가 되어 생각하고 행동한 A 씨. 전설의 운전사라고 불릴 만합니다.

우쓰노미야 쓰카사 사장의 아버지이자 창업자인 우쓰노미야 쓰네히사 회장은 택시 사업을 손님의 인생과 함께하고 안전을 지키는 일로 생각하고 있습니다.

동일본 대지진 때는 예약했던 손님이 12시간이나 늦게 왔음에도 불구하고, 운전사가 공항에서 기다렸던 일도 있습니다. 또한 예상치 못한 폭설이 쏟아져 손님이 비행기를 놓쳤을 때는 공항 근처 호텔에 방을 잡아주고 음식도 대접했다고 합니다.

_____ 부처의 마음

우쓰노미야 회장은 다음과 같이 말했습니다.

"가장 중요한 것은 회사 내의 인간관계를 좋게 유지하는 것입니다. 인간관계가 좋으면 회사도 밝아지고, 그것이 손님에 대한 태도에도 나타나니까요."

나가노의 작은 택시 회사에 고객으로부터 감사의 목소리가 끊이지 않는 것은 직원들이 여섯 가지 관계를 올바르게 지키고 있기 때문 아닐까요?

뉴욕의 콜 씨도, 추오택시의 전설적인 운전사도 그들의 마음 깊은 곳에 흐르는 것은 바로 사랑입니다.

사랑 애愛는 마음心을 받아들인다受는 뜻입니다.

사랑이란 자신의 마음이나 생각을 전하는 게 아니라 상대의 처지에서 생각하고 상대와 함께하는 것입니다.

다른 사람의 처지에서 생각하는 것이 좋은 인간관계를 유지하는 출발점입니다.

06

인사는 상대와 싸우지 않기 위한 최고의 지혜다

화를 쥐고 있는 것은 누구에게 던질 의사를 가지고 뜨거운 숯불을 지니고 있는 것과 같습니다. 화상火傷을 입는 건 바로 당신입니다.
Holding on to anger is like grasping a hot coal with the intent of throwing it at someone else: you are the one who gets burned.
부처(Buddha)

절에서는 합장저두合掌低頭하는 모습을 자주 볼 수 있습니다. 합장은 양손의 손바닥을 얼굴이나 가슴 앞에서 모으는 것이고, 저두는 머리를 낮게 숙여 인사하는 것을 말합니다.

나는 이 합장저두야말로 인사의 완벽한 형태라고 생각합니다.

선종에서는 문답을 통해 상대의 깨달음이 어느 정도 되는지 시험하는 경우가 있습니다. 이것을 일애일찰一挨一拶이라고 하는

데, 이것이 일본어의 인사, 곧 아이사츠ぁぃさっ의 어원입니다.

중국 선문답집 중 하나인 『벽암록碧巖錄』에는 이런 구절이 있습니다.

"선을 공부하는 스님들은 한마디의 말과 하나의 동작, 한 번의 대화를 통해 상대의 깨달음이 얼마나 깊은지 확인하고, 올바르게 향하고 있는지 등을 돌리고 있는지를 간파하려고 한다."

애挨 자에는 '다가간다'는 뜻이, 찰拶 자에는 '들이닥친다'는 뜻이 있습니다. 날카로운 질문으로 상대의 역량을 시험하는 것이 바로 일애일찰입니다.

다가간다, 들이닥친다, 상대를 시험한다는 자세에서는 따뜻함과 친밀함이 느껴지지 않을지도 모릅니다. 하지만 일애일찰에는 마음과 마음을 부딪히고 마음을 열고 대한다는, 상대에 대한 호의가 담겨 있습니다.

불교의 합장저두도, 서양의 허그나 악수도 다른 사람과 싸우지 않기 위한 지혜에서 나온 예법입니다. 악수나 허그는 본래 무기를 감추고 있지 않음을 전하는 의사 표시였다고 합니다.

그와 마찬가지로 불교의 합장저두도 '나는 당신을 받아들인다' '나는 당신에게 적의를 가지고 있지 않다'는 것을 전하는 행위입니다.

무방비한 상태로 자신의 머리를 내미는 저두의 행위에는 상대를 신뢰하고 있다는 뜻이 담겨 있습니다.

또한 합장은 부처님과 내가 하나가 된다는 기도의 모습이기도 합니다. 오른손은 청정한 부처님을 상징하고, 왼손은 부정한 자신을 상징합니다.

눈앞에 있는 사람에게 합장할 때는 오른손이 청정한 상대이고, 왼손이 부정한 자신입니다. 앞에서도 언급한 것처럼 이 세상의 모든 사람은 자신을 이끌어주는 스승이기에, 두 손을 모으고 인사하는 행위는 상대에 대한 예의를 나타냅니다.

'당신과 나는 상반된 존재가 아니라 똑같은 존재입니다.'

'나는 당신에게 마음을 열고 당신을 받아들이겠습니다.'

'동료로서, 친구로서, 내 안에서 당신을 인정하겠습니다.'

영장류 중에서 동족끼리 서로 죽이는 것은 인간과 침팬지뿐입니다. 침팬지가 동족을 살해하는 것은 배우자나 자원을 둘러싼 적응적 행동의 결과라고 합니다.

유감스럽게도 인간 역시 자신의 욕심을 위해서라면 다른 사람을 희생해도 좋다는 생각을 가지고 있습니다. 하지만 인간이 침팬지와 다른 점은 동족 살해가 얼마나 어리석은 짓인지를 깨닫고, 모든 지혜를 끌어모아 종교를 만들었다는 것입니다. 싸움을 그만두려고 말입니다. 그리고 싸우지 않겠다는 의사 표시로 불교에서는 합장을 하게 되었죠.

대학 시절에 일본인 의사들과 함께 미얀마(당시는 버마)를 방문한 적이 있습니다.

열흘을 체류하는 동안 호텔 시설은 엉망이고 식사 환경은 위생적이지 못하고 도난 같은 문제가 잇달아 발생했습니다. 결국 의사들은 폭발했고, 비난의 화살은 미얀마 여성인 현지 코디네이터에게 날아갔습니다.

불평불만이 쏟아질 때마다 그녀는 합장을 하고 "알겠습니다" 하며 모든 비난을 받아들였습니다. 냉정하게 생각하면 그녀의 책임이 아니건만 그 어떤 변명도 반론도 하지 않았습니다.

처음에는 분노를 감추지 않던 일본인 의사들도 그녀의 진지한 자세를 보면서 이윽고 냉정함을 되찾았죠. 그러곤 그녀를 향해 "고맙습니다" 하며 합장저두를 하게 되었습니다.

상대가 누구든 적대시하지 않고 함께 나눈다……. 합장저두는 상대와 싸우지 않기 위해 인간이 만들어낸 지혜의 상징인 것입니다.

"안녕하세요" "고맙습니다" "잘 먹겠습니다"라고 인사할 때, 합장저두를 해보면 어떨까요? 처음에는 쑥스럽고 부끄럽겠지만, 합장저두가 습관이 되면 당신은 상대를 받아들이고, 상대도 당신을 받아들이는 인간관계가 만들어질 것입니다.

07

진정한 친구는
고독 속에서 만들어진다

영적인 길에서 당신을 지지해줄 사람이 없다면 걸어가세요.
If you find no one to support you on the spiritual path, walk
alone.
부처(Buddha)

내가 처음으로 외톨이임을 자각한 것은 초등학교 6학년 때였
습니다.

당시 교토 · 나라 수학여행을 앞두고 버스에 앉는 자리를 정하
게 되었습니다. 선생님께서 "마지막 추억이니까 친한 친구끼리
앉아도 좋아"라고 말한 순간, 반 아이들은 소리를 지르며 좋아했
습니다. 나도 만세를 부르며 환호성을 질렀죠.

'우리 반에서 제일 친한 I와 같이 앉을 수 있어!'

그렇게 생각하며 I를 본 순간, 기쁨은 슬픔과 분노로 바뀌었습니다. I가 함빡 미소를 지으면서 다른 친구와 손을 잡고 있었던 것입니다.

점점 짝꿍이 정해지는 가운데, 마지막으로 나와 한 남자아이가 남았습니다. 그 애는 지금으로 말하면 특별 학급 아이였습니다. 나는 재빨리 손을 들고 그 애의 옆자리를 선택했습니다.

선생님은 "역시 학생회장이군!" 하고 칭찬해주었으나 나는 조금도 기쁘지 않았습니다. 인기 투표로 선발된 학생회장인데 너무나 고독했기 때문입니다.

그 이후 나는 겉으로만 친한 친구는 필요 없다고 생각하게 되었습니다. 혼자 있으면 상처 입을 일도 없을 테니까요.

중학교에 들어간 후에도, 고등학교에 진학한 후에도 나는 늘 혼자였습니다. 친구가 생겨도 깊은 관계를 맺으려고 하지 않았습니다. 마음속으로 '나는 항상 혼자다'라고 말하며, 어느 누구와도 친해지지 않으려 애썼습니다.

불교에서는 자신의 마음을 보고 자신의 진실한 모습을 알려고 하는 것을 내관內觀이라고 합니다. 나는 혼자 있는 것을 선택한 덕분에, 나 자신을 깊이 알 수 있었습니다.

고독을 선택함으로써 다른 사람에게 휘둘리는 일도 없었지요.

_____ 부처의 마음

누군가에게 불만을 털어놓거나 약한 모습을 보이거나 의지하는 일도 없이 자립심을 키울 수 있었습니다.

일본 문화 대부분이 에도 시대에 확립된 것은 에도 막부가 쇄국 정책을 펼쳤기 때문입니다. 외교와 무역을 제한해 고립 상태를 유지했기에 가부키*와 조루리**, 우키요에*** 같은 독특한 일본 문화가 꽃피울 수 있었던 것이죠.

만약 여러분이 지금 고독을 느끼고 있다면 아주 좋은 기회라고 여기시기 바랍니다. 자신의 매력을 빛나게 하고 싶다면 일단 고독해야 합니다. 고독을 받아들였을 때, 인간은 본래의 자기 자신을 느낄 수 있으니까요.

외로움을 메우거나 시간을 때우기 위해서 다른 사람과 관계를 맺을 필요는 없습니다. 친구를 만든다면 서로를 높여줄 수 있는 관계가 가장 이상적입니다.

불교에서는 승우勝友를 가지라고 가르칩니다.

'승우'란 훌륭한 벗을 가리킵니다. 지혜와 용기, 다정함과 성실함, 건실함과 대담함, 아름다움과 풍요로움을 아울러 가진 친구

---

* 음악과 무용의 요소를 포함하는 일본 전통극.
** 일본 전통 예능에서 반주에 맞춰 이야기를 읊는 행위.
*** 에도 시대에 기생이나 연극배우, 명승지, 춘화 등을 그린 다색조 친필화와 목판화.

입니다.

어떻게 하면 승우를 만날 수 있을까요?

승우를 만나려면 일단 고독해야 합니다. 고독 속에서 자신과 마주하고 자신의 매력을 연마해야 합니다. 매력적인 사람이 되면 좋은 인간관계는 저절로 따라오게 되어 있으니까요.

또한 상대로부터 무엇을 받고 싶다는 욕심을 버려야 합니다. 부처님은 상대에게 주는 사람이 승우를 만난다고 하셨습니다. 누군가의 마음에 들고 싶다든지 누군가가 뭔가를 해주었으면 좋겠다는 마음을 가지는 한 진심으로 존경할 만한 친구는 만날 수 없습니다.

승우를 만나고 싶다면 어떻게 해야 남에게 더 받을 수 있을지 생각하지 말고, 어떻게 해야 남에게 더 줄 수 있을지 생각하기 바랍니다.

'내가 가진 것 중에서 남에게 줄 수 있는 것은 무엇인가?'

이런 생각을 끊임없이 실천하면, 당신에게도 반드시 승우가 나타날 것입니다.

08
훌륭한 사람끼리는
말을 나누지 않아도 기맥이 통한다

인간을 사악한 길로 안내하는 것은
적이나 원수가 아니라 자신의 마음입니다.
It is a man's own mind, not his enemy or foe, that lures him
to evil ways.
부처(Buddha).

나는 이주인 시즈카伊集院靜 씨의 『나기사 호텔』이란 책을 좋아
해서, 시간 있을 때마다 몇 번이나 다시 읽곤 했습니다. 이 책은
이주인 씨가 '즈시 나기사 호텔'에 체류했을 때의 경험을 쓴 자전
적 에세이입니다.

당시 이주인 씨는 20대 후반으로, 다니던 광고 회사를 1년 반
만에 그만두고 고향으로 돌아가는 도중에 바다를 보기 위해 즈
시逗子에 들렀습니다. 멍하니 바다를 보고 있을 때 "낮에 마시는

맥주 맛은 각별하지요" 하며 말을 걸어온 사람이 있었습니다. 나기사 호텔의 지배인이었습니다.

그때부터 이주인 씨는 지배인의 배려로 나기사 호텔에 체류합니다. 숙박비가 밀려도 가족 같은 대접을 받으며 그곳에서 7년이라는 세월을 보내죠.

지배인은 이주인 씨에게 이렇게 말했다고 합니다.

"돈은 괜찮아요. 당신 한 사람쯤은 숙박하게 해드릴 수 있으니까요. 괜히 조바심을 내서 하고 싶지 않은 일을 해서는 안 됩니다. 당신은 무엇이든 할 수 있습니다. 나는 알고 있어요."

이주인 씨가 여행을 가겠다고 하면, 숙박비도 내지 않았는데 돈을 쥐어주면서 다녀오라고 했습니다. 이주인 씨는 당시를 이렇게 회상했습니다.

"지배인이 그때 왜 그렇게 말했는가 하면 청년, 즉 내가 이득이냐 손해냐로 행동하지 않았기 때문인 것 같아요. 그래서 그도 방황하는 청년을 손익 계산이 아니라 다른 눈으로 지켜본 것 아닐까요? 그렇지 않았다면 나도 7년이나 거기에 있지 않았을 테고, 그들도 있게 하지 않았을 겁니다."

이주인 씨가 쓴 대부분의 소설은 그때 보고 들은 사건이나 아이디어가 바탕이 되었는데, 자신에게 그 세월은 없어서는 안 되는 시간이었다고 합니다.

불교에는 "밀밀풍蜜蜜風이 통한다"는 말이 있습니다.

"궁극의 진리는 심오한 곳에서 서로 통한다" "훌륭한 사람끼리
는 말을 나누지 않아도 기맥, 즉 생각이나 마음이 서로 통한다"는
뜻입니다. 훌륭한 사람끼리 만나는 것은 마음 깊은 곳에서 서로
의 감성이 맞기 때문이지요.

이주인 씨는 인생의 가치 기준을 이익과 손해로 생각하지 않
는 청년이었음과 동시에, 인간적인 깊은 매력과 올바른 인성과
풍요로운 감성을 가지고 있었습니다.

그리고 지배인은 이주인 씨의 매력과 올바름, 감성이 언젠가
반드시 소설로 꽃을 피울 것임을 알고 있었지요. 지배인이 이주
인 씨를 호텔에 체류시킨 것은 깊은 부분에서 기맥이 서로 통했
기 때문입니다.

주변을 둘러보면 좋은 인연을 만나서 행운을 잡는 사람과 나
름대로 열심히 살았는데 불운한 사람이 있습니다.

불교에서는 운이 좋고 나쁜 것은 자신이 쌓은 업業에 따라 정
해진다고 가르칩니다. 우리는 신구의身口意 삼업三業, 즉 몸으로 행

동하고, 입으로 말하고, 마음으로 생각하며 살고 있습니다. 좋은 업을 쌓은 사람은 감성이 맑아져서 좋은 인연을 만나고, 나쁜 업을 쌓은 사람은 감성이 둔해져서 나쁜 인연을 만나게 됩니다. 감성이 깊고 풍요로운 사람은 특별한 재능이 있는 게 아니라 매일 좋은 생각을 하고 좋은 말을 하며 좋은 행동을 하는 사람, 즉 좋은 업을 쌓은 사람입니다.

사람을 끌어당기는 인연도, 만날 수 있는 사람도, 다른 사람과의 관계도 그 사람의 기맥과 감성을 반영하고 있습니다. 책을 읽거나 세미나에 다니며 인맥술을 배워도, 다른 업종에서 새로운 만남을 찾아도 본인의 감성이나 기맥이 정리되지 않으면 인생을 바꾸는 진정한 만남은 가질 수 없습니다.

인생을 바꿀 정도의 멋진 만남을 원한다면, 우선 자신의 몸과 마음을 깨끗하게 만들어야 합니다. 마음을 밝게 가지고 감성을 연마했을 때, 당신에게 필요한 사람이나 당신의 인생을 바꿔줄 사람이 저절로 나타날 것입니다.

09
남을 살리는 행동은
돌고 돌아서 자신을 살린다

변화를 제외하고 영원한 것은 없습니다.

Nothing is forever except change.

부처(Buddha)

2011년 3월 11일, 도호쿠東北 지역이 미증유의 재해를 당했다는 소식을 들은 내 친구는 아이치현 나고야시에서 트럭을 몰고 곧바로 지진 피해를 입은 곳으로 달려갔습니다.

그의 트럭에는 카레 재료가 잔뜩 쌓여 있었습니다. 외곽에서 혼란스러운 피해 지역으로 접근하는 것은 쉬운 일이 아닙니다. 며칠에 걸쳐 미야기현으로 들어간 그는 이시노마키 시내에 있는 초등학교에서 카레를 끓이기 시작했습니다.

피해 지역 사람들에게 힘이 되고 싶어 하는 그의 헌신적인 모습은 일시적인 게 아니었습니다. 가족과 함께 도호쿠 지역으로 이주해서 지금도 계속 지원 활동을 하고 있습니다.

그의 이름은 세예드 타헤르. 파키스탄 출신의 무슬림입니다. 그가 목숨 걸고 지원 활동을 하는 것은 지금까지 수많은 일본인에게 도움을 받았기 때문입니다.

그는 예전에 나에게 이런 말을 한 적이 있습니다.

"일본은 세계에서 가장 자연이 풍요롭고 가장 친절한 나라입니다. 수십 년 전에 많은 일본인이 파키스탄에서 온 저를 도와주었습니다. 이번에는 제 차례입니다. 지금까지 신세 진 일본에, 그리고 일본 분들에게 은혜를 갚을 때지요. 이 지역이 복구되려면 아직 시간이 필요합니다. 저는 앞으로 남은 제 인생을 도호쿠 지역에 바치기로 결심했습니다."

불교에는 발보리심發菩提心이라는 말이 있습니다.

'발'은 마음을 일으키는 것을 말하고, '보리심'은 자기 이외에 어떤 것에라도 도움이 되기 위해 행동하는 것을 말합니다.

타헤르 씨는 그야말로 발보리심 자체입니다.

부처의 마음

나도 승려 나부랭이로서 누군가에게 도움이 되기 위해 살아왔습니다.

하지만 타헤르 씨 앞에서는 고개를 들 수 없습니다. 그는 손익계산은 티끌만큼도 하지 않은 채 순수하게 사람들을 도와주고 있습니다. 외국인인 타헤르 씨로부터 나는 발보리심의 진정한 의미를 배웠습니다.

그의 한결같은 마음이 사람들의 마음을 움직였습니다. 그리하여 많은 사람이 그의 말과 행동에 공감하고 영향을 받아 지원을 아끼지 않고 있습니다.

의료기 제조업체인 주식회사 도키보의 사타 야스히코 사장도 타헤르 씨에게 공감한 사람 중 한 명입니다. 사타 사장은 일반 재단법인 '연대 도호쿠·세이난連帯東北·西南'을 설립해 지진 피해 지역을 계속 지원하고 있습니다(타헤르 씨도 그 재단법인의 평의원 중 한 명입니다).

'내 앞가림하기도 벅찬데, 남을 위해 살 수 없다.'
'내가 손해를 보면서까지 남을 위해 일하고 싶지는 않다.'
우리 주변에는 이렇게 생각하는 사람이 많습니다.

하지만 인간은 사회적 동물이고, 사람人 사이間에서만 살아갈 수 있습니다. 도움을 주고 도움을 받는 관계 속에서 살아갈 운명인 것입니다.

물론 인간은 본능적으로 자신을 먼저 지키고 싶어 하고, 자신을 먼저 살리고 싶어 합니다. 하지만 발보리심을 발휘해 다른 사람을 위해 살아보는 건 어떨까요? 사리사욕을 앞세우지 않고 타헤르 씨처럼 발보리심을 발휘하면 많은 사람의 협조를 받을 수 있습니다. 그리고 다른 사람을 살리기 위해서 한 행동은 결국 돌고 돌아서 자신을 살리는 것으로 이어지는 법입니다.

자신이 살기 위해 타인을 살리고 타인을 살리면 결국 자신이 산다. 그것이 바로 발보리심입니다.

발보리심을 가지고 남을 위해 행동하면 그 결과 자신도 많은 것을 얻을 수 있고 남들로부터 응원을 받게 된다고 나는 생각합니다.

부처의 마음

2장

온 세상을 향해
무한한 사랑을 발산하세요

10

진리는 책 안에 있는 것이 아니라
실천 안에 있다

오늘은 어제 한 생각의 산물이고,
내일은 오늘 한 생각의 결과입니다.
인간의 삶은 마음의 창조물입니다.
What we are today comes from our thoughts of yesterday,
and our present thoughts build our life of tomorrow: Our life
is the creation of our mind.
부처(Buddha)

불교의 많은 종파에서는 진리의 규범은 경전에 있다고 하면서,
경전을 최후의 근거로 삼고 있습니다.

그런데 선종은 경전을 자주 사용하면서도 최후의 근거로 삼지
는 않습니다. 선종은 문자나 이론에 얽매이지 않고 몸과 마음으
로 수행하며, 체험으로 체득하는 것이 가장 중요하다고 생각하기
때문입니다.

"깨달음은 말로 쓸 수 있는 것이 아니다. 따라서 말이나 문자에

얽매여서는 안 된다."

선종의 이런 기본적 사고방식을 불립문자不立文字라고 합니다.

선종에서 참선 수행을 하는 것은 경험을 통해 깨달음이나 진리에 다가가기 위함입니다.

애초에 부처님은 자신의 사상을 말했을 뿐 그 가르침을 글로 남겨놓지는 않았습니다. 제자들에게도 기록을 금하셨지요.

원시 불교 경전은 부처님이 열반하신 후, 가르침을 올바르게 정리해서 통일하고, 가르침이 사라지는 것을 막기 위해 제자들이 각자 외우고 있던 부처님의 말을 편집한 것이라고 합니다. 이것을 경전의 결집結集이라고 하죠.

요컨대 모든 경전은 부처님께서 직접 쓰신 게 아니라 후세에 제자들이 작성한 것입니다.

부처님이 자신의 말씀을 글로 남기는 것을 금지한 이유는 두 가지라고 생각합니다.

첫째, 분서焚書*에 의한 소실이나 분실을 막기 위해.

---

* 특정한 사상과 학문, 종교를 탄압하기 위한 수단으로서 책을 소각하는 것.

둘째, 문자를 읽고 배우는 것은 표면적이기 때문.

지금은 누구라도, 어디에 있어도 배울 수 있는 시대입니다. 편리한 도구도, 매체도 준비되어 있어서 많은 사람이 효율적으로 배울 수 있습니다.

하지만 텍스트나 매뉴얼을 읽기만 해서는 배움을 피와 살로 만들 수 없습니다. 체험이나 실천이 없기 때문이지요.

나와 친한 플로리스트의 제자로 어느 날 여든 살의 여성이 들어왔다고 합니다.

그 여성은 꽃꽂이에 관심을 가지고 독학으로 배우기 시작했는데, 이윽고 다음과 같은 사실을 깨달았답니다.

"책을 많이 보면 기술은 배울 수 있을지도 모른다. 하지만 책을 읽기만 해서는 꽃꽂이의 진수를 배울 수 없다. 꽃꽂이의 진수에 다가가기 위해서는 그 길을 걸어가신 선생님께 가르침을 구하는 수밖에 없다."

지식을 얻는 일은 매우 중요합니다. 하지만 그보다 더 중요한 일은 자신이 직접 경험하고 실천하는 것입니다. 스승의 곁에서 그분의 행동을 보고 뭔가를 느끼거나, 또는 직접 경험해보고 실천하는 것이 그 길의 진수에 다가가는 유일한 방법 아닐까요?

어떤 분야든 체험을 하면서 배우면 오랜 시간이 걸립니다. 하지만 체험을 소홀히 하면 가장 중요한 본질이나 진수가 빠지게 됩니다. 그래서 선종에서는 실천을 중요시하고 있는 것이지요.

여든 살의 그 신입 플로리스트는 지금도 스승의 일거수일투족을 보고 따라 하면서, 꽃꽂이의 진수에 다가가기 위해 노력하고 있습니다.

물론 나이가 많은 만큼 젊은 학생들에 비해 빠릿빠릿하게 움직일 수는 없습니다. 하지만 그 여성의 작품은 다른 학생들의 작품보다 생명의 약동감이 넘친다고 합니다.

11
인터넷을 이용하면 기술은 몸에 밴다
하지만 마음은 몸에 배지 않는다

절제된 마음은 행복을 가져다줍니다.
A disciplined mind brings happiness.
부처(Buddha)

불교의 가르침은 면수面授와 상승相承으로 이어집니다.

'면수'는 직접 대면해서 스승으로부터 가르침을 받거나 중요한
가르침을 스승이 제자에게 직접 전수해주는 것이고, '상승'은 부
처님께서 얻으신 깨달음의 본질을 스승이 제자에게 대대로 전수
해주는 것입니다.

고보 대사弘法大師(774~835. 일본 진언종의 개조) 구카이空海는 수행

현장을 소중히 하는 면수를 추구했습니다.

구카이가 선배이자 친구이면서 좋은 라이벌이었던 사이초最澄 (766~822. 일본 천태종의 개조)에게 『이취석경』(『이취경』의 해설서)을 빌려주지 않았던 이유는 사이초가 책을 통해 배우려고 하는 필수筆授를 주류로 삼아서였다고 합니다.

『이취경』은 남녀의 사랑과 성을 긍정하는 교리를 가지고 있어 경전을 옮겨 쓰기만 해서는 오해를 낳을 가능성이 있습니다. 구카이는 면수나 수행 없이는 그 경문을 이해할 수 없다고 생각해서 함부로 빌려주지 않았던 것입니다.

나는 학창 시절에 풀 콘택트Full Contact 가라테 전일본대회에 출전한 적이 있습니다.

교본을 읽고 영상을 보면 가라테의 형식이나 기술을 배울 수 있지만, 그것만으로는 강해질 수 없습니다. 가라테에서 강조하는 강함의 본질이란 상대를 쓰러뜨리는 게 아니라 약한 자신을 극복하는 강한 마음이기 때문이죠.

가라테라는 무도를 통해, 도장이라는 장소를 통해, 선생과 선배라는 사람을 통해, 기술과 예절·결단력·행동력·용기·인내·배려를 익히는 것이 강인함의 원천입니다. 마음과 기술은 각각

따로 존재하는 게 아닙니다. 그걸 하나로 받아들이는 것이 가라테의 본질이죠.

대학을 졸업함과 동시에 가라테에서도 졸업하려고 했습니다. 은퇴를 코앞에 둔 마지막 대회에서 3위를 차지한 순간, 유종의 미를 거둘 수 있겠다고 생각했지요. 준결승에서 패배했지만 분하지 않았고, 후련하게 가라테 인생을 끝낼 수 있었습니다.

3위는 결코 부끄러운 결과가 아니었습니다. 하지만 도장의 부대표로부터 입도 벙긋할 수 없을 만큼 심한 질책을 받았습니다.

"이렇게 한심한 경기가 네 집대성集大成인가? 이걸로 끝내도 좋은가?"

부대표는 그렇게 말한 다음 날카롭게 지적했습니다.

"준결승이 시작되고 30초가 지났을 때, 한순간 '이제 충분히 싸웠으니까 져도 좋다' 하고 경기를 내던졌지? 네 몸과 마음과 기술까지 전부 알고 있는 내 눈에는 그런 정신 상태가 똑똑히 보였다!"

부대표가 말한 대로였습니다. 나는 경기하는 도중 이번에 져도 3위는 할 수 있다고 납득하고, 마음 깊은 곳에서 경기를 포기했던 것입니다.

부대표는 스스로를 다스리지 못한 나의 나약한 마음을 간파했습니다. 나는 나 자신에게 진 것입니다(그 이후 은퇴를 철회하고 도장을 열어서, 지금은 후진에게 가라테를 가르치고 있습니다).

부대표에게 직접 지적을 받음으로써 나의 나약한 마음을 깨닫고, 강인함의 본질은 스스로를 다스리는 것이란 사실도 깨달을 수 있었습니다.

지금은 누구라도, 어디에 있어도 책과 인터넷을 통해 공부할 수 있는 시대입니다. 그런데 책과 인터넷으로는 기술은 익힐 수 있어도 마음을 갈고닦거나 마음가짐을 습득하거나 본질에 닿기는 어렵지 않을까요?

인생의 진정한 공부는 면수와 상승으로 전해지는 법입니다. 공부에서 가장 중요한 것은 효율적으로 배우는 것이 아니라 스승으로부터 직접 배우는 것 아닐까요?

12

최선을 다하는 모습과 진심은
사람의 마음을 움직인다

모든 것은 오직 우리의 마음가짐에 달려 있습니다.

Everything depends on only our mind.

부처(Buddha)

『법구경法句經』에 다음과 같은 시구가 있습니다.

"다른 사람에게 아무리 중요한 일이더라도, 자신이 아닌 다른 사람의 목적을 위해 자기 임무를 버려서는 안 된다. 자신의 목적을 숙지하고 자기 임무에 전념하라."

부처님께서는 "다른 사람을 세우고 그 결과 자신이 짓눌리면 그것은 어리석은 일이다. 자신의 목적을 위해 살아라"라고 말씀하셨습니다.

불교의 첫 번째 의의는 자신의 존재 확립입니다. 그렇다고 남보다 자신을 우선하라는 자기중심적 발상은 아닙니다. 자기 임무에 전념하는 일이 결과적으론 다른 사람을 위한 일이기도 하다는 뜻을 내포하고 있습니다.

무역 회사에 근무하는 입사 1년차 남성으로부터 이런 상담 신청을 받은 적이 있습니다.

"회사를 그만두려고 하는데, 사장님이나 상사의 기대를 배신하는 것이 너무나 괴롭습니다."

그는 대학을 졸업하고 유학 프로그램에 참가하려 했습니다. 그런데 모집 대상 조건에 사회인으로서 실무 경험이 있어야 한다고 해서, 그 조건을 충족하기 위해 일단 취직을 했던 것입니다.

퇴사를 전제로 취직한 것에 꺼림칙함을 느끼는 그에게 나는 다른 사람을 위해서가 아니라 자신의 목적을 위해서 사는 것은 잘못된 일이 아니라고 서두를 꺼낸 다음에 '백척간두 진일보'라는 선종의 가르침을 말해주었습니다.

이는 중국 선종의 사서史書 중 하나인 『전등록傳燈錄』에 있는 말입니다.

"100척(약 30미터)의 장대 끝에 있어도 다시 그 앞으로 한 걸음

나아간다"는 뜻인데, "열심히 노력해서 이미 정점에 도달해도 거기에 안주하지 말고, 다시 최선을 다해 노력하고 연구해서 정진하라"는 가르침입니다.

유학 프로그램에 참가하는 것이 그의 목적이고, 따라서 그 목적을 향해 최선을 다하는 것은 잘못된 일이 아닙니다. 그런데 나는 일에 대한 그의 자세에 위화감을 느꼈습니다.

그는 사장이나 상사의 기대를 배신하는 것이 너무나 괴롭다고 말했지만 마음속에는 '이 회사에서 일하는 것은 유학을 위해서다. 어차피 그만둘 거니까'라는 생각이 깔려 있었습니다. 무의식의 세계에서 그렇게 마음이 느슨해져 있다면, 과연 최선을 다해 일할 수 있을까요?

취직한 지 1년밖에 되지 않은 그는 아직 100척 장대 끝에 도달하지 않았습니다. 그런데 실무 경험을 충분히 쌓았으니 이제 그만두어도 된다고 자기 평가를 하는 것은 오만한 생각이 아닐까요?

그는 지금 하는 일과 유학을 떼어놓고 생각하지만, 결코 그렇지는 않습니다. 유학은 지금 하는 일의 연장선에 있습니다. 그렇다면 일단 진지한 마음으로 최선을 다해 열심히 일하는 것이 중요합니다.

최선을 다해 열심히 일한다는 것은 한 가지 일에 목숨을 거는 것입니다. 요시다 쇼인吉田松陰*은 "인류가 탄생한 이후, 한 가지 일에 진지하게 착수하는 사람의 모습을 보고 마음이 움직이지 않는 사람은 없다"라는 말을 남겼는데, 진심을 다하는 모습과 최선을 다해 일하는 모습은 사람의 마음을 움직이고, 그런 사람에게는 도와주거나 응원해주는 사람이 나타나는 법입니다.

그는 지금 퇴직을 뒤로 미루고 백척간두 진일보를 실천하고 있습니다. 백척간두에서 한 걸음 나아가기 위한 노력이 유학의 성공으로 이어진다는 사실을 깨달았기 때문입니다.

'몇 년 후에 회사를 그만둔다고 해도, 지금 하는 일에서 정점에 오르기 위해 노력한다. 오만하지 않고 겸손하게 일해서, 10~20년을 근무한 것처럼 회사를 성장하게 만든다.'

이런 각오를 가지고 지금을 열심히 살면, 그 이후의 길도 저절로 열리지 않을까요?

---

* 에도 시대의 존왕파 사상가이자 교육자. 메이지 유신의 정신적 지도자.

_____ 부처의 마음

13

남의 허물을 보지 말라
오직 자신이 한 일과 하지 않은 일만 보아라

자신을 정복하는 자는 전장에서 천 명의 사람을 천 번 정복하는
자보다 더 위대합니다. 남을 이기려 하지 말고 자기 자신을 이기세요.
One who conquers himself is greater than another who
conquers a thousand times a thousand men on the
battlefield. Be victorious over yourself and not over others.
부처(Buddha)

사람은 남과 비교함으로써 자신의 위치나 가치를 평가합니다.
경쟁심이나 라이벌에게 지고 싶지 않다는 마음은 때로 원동력이
되지만, 항상 다른 사람과 자신을 비교하면 열등감과 질투심으로
인해 마음이 편치 않게 마련입니다.

5년 전쯤 직장에 다니는 N 씨로부터 회사에 대한 불만 때문에
상담 신청을 받았습니다.

"저에 대한 상사의 평가가 낮아서 이대로 회사에 있어야 할지 고민입니다. 저는 동료보다 열심히 일하고 있는데 평가가 똑같고, 월급이나 상여금도 똑같습니다."

불교는 나는 어떻게 살 것인가, 내 인생을 어떻게 보낼 것인가를 묻는 종교입니다. 『법구경』에 부처님의 이런 가르침이 있습니다.

남의 허물을 보지 말라.
남이 한 일과 하지 않은 일을 보지 말라.
오직 자신이 한 일과 하지 않은 일만 보아라.

월급이 적다고 불평하는 N 씨에게 나는 이렇게 말했습니다.
"월급은 사장이 올리는 게 아니라 자신이 올리는 것일지도 모릅니다."

불교에서는 남에게 신경을 빼앗겨 자신 자신을 제대로 보지 못하는 것을 경계합니다. 정작 중요한 것은 남의 평가에 신경 쓰지 않고, 자신의 마음을 들여다보는 것 아닐까요?

주변의 평가는 상황에 따라서 풍향계의 닭처럼 달라집니다. 그런데 N 씨는 주변의 평가에 휘둘려 스스로를 잃어버리고 일을 소홀히 하는 상황에 몰렸습니다.

_____ 부처의 마음

상담 이후, N 씨는 일에 의욕을 불태웠습니다. 상사를 설득해 신규 사업인 인터넷 판매를 시작해서 매달 수백만 엔의 새로운 매출을 만들어냈습니다.

그래서 N 씨는 이제 업무 평가가 좋아지고 월급도 올라갈 거라고 기대했습니다.

하지만 N 씨의 평가는 달라지지 않았습니다. 그렇기는커녕 오히려 영업부에서 경리부로 발령이 나서 회계 업무를 맡게 되었습니다.

N 씨는 어쩔 수 없이 인사 이동을 받아들였지만, 돈의 흐름을 관리하는 동안 알아차린 것이 있었습니다. 회사가 기존 사업 강화와 신규 고객 유치를 위해 적극적으로 이익을 재투자하고 있었던 겁니다.

N 씨의 회사는 창업한 지 얼마 되지 않았고 아직 성장하는 중입니다. 이익을 직원에게 환원하기보다 판촉비로 사용해서 경영을 안정시킬 필요가 있었죠.

그제야 N 씨는 사장의 진의를 깨달았습니다.

'그때 내 월급이 오르지 않았던 것은 회사의 성장이 더 중요했기 때문이야.'

나에게 상담을 신청하고 3년 후, 드디어 사장이 월급을 올려주겠다고 했습니다. 하지만 N 씨는 월급을 올려주지 않아도 된다며 사장의 제안을 거절했습니다.

'미미할지 모르지만 그 돈을 재투자하면 회사는 더욱 성장할 테고, 그러면 나도 더 큰 일을 할 수 있다'고 판단한 것입니다.

남이 한 일과 하지 않은 일을 보지 않고 자신이 해야 할 일을 열심히 한 결과, N 씨는 월급이나 능력보다 더 중요한 것을 손에 넣었습니다. 바로 신용입니다. 이렇게 스스로를 돌아봄으로써 N 씨는 주변으로부터 자신이 해야 할 일을 성실하게 하는 사람이라는 인정을 받게 되었습니다. N 씨는 지금 최연소 이사로서 당당하게 활약하고 있습니다.

중요한 것은 남과 비교하는 게 아니라 자신이 어떻게 했는가 하는 것입니다.

남이 한 일을 이러쿵저러쿵 따지지 말고 오직 자신이 어떻게 하고 있는지 냉정하게 관찰하면, 타인과의 비교에서 태어나는 질투심이나 열등감에서 빠져나올 수 있습니다.

14

창조적인 연구와 배려로 가득 찬 상품은
마음에서 우러나야 한다

눈과 귀를 단련하고 코와 혀를 단련하세요. 행동으로 몸을 단련하고,
말로 혀를 단련하고, 생각으로 마음을 단련하세요.
이 단련이 당신을 슬픔에서 벗어나게 할 겁니다.
Train your eyes and ears; train your nose and tongue. Train
your body in deeds, train your tongue in words, train your
mind in thoughts. This training will take you beyond sorrow.
부처(Buddha)

외국 기업의 일본 진출과 일본 기업의 해외 거점 확대, 외국인
채용 증가 등 일본 기업의 세계화 속도가 빨라지고 있습니다.

얼마 전 어느 기업에서 강연했을 때, 참가자 중 한 사람이 이렇
게 물었습니다.

"일본 기업은 미국 기업처럼 임팩트 있는 혁신을 일으킬 수 없
는 것 같습니다. 앞으로 일본 기업이 세계를 상대로 이기기 위해
서는 어떻게 해야 할까요? 선禪의 가르침 중에서 힌트를 받을 수

있을까요?"

이 질문을 받은 순간, 어린 시절 큰 충격을 받았던 쌀알이 떠올랐습니다.

물론 어디에서나 볼 수 있는 평범한 쌀알이 아닙니다. 지금은 없지만 복엄사에는 예전에 「반야심경」의 한 구절을 써넣은 쌀알이 있었습니다. 5밀리미터쯤 되는 쌀알에 가느다란 붓으로 쓴 글자가 빼곡히 채워져 있었죠.

나는 몇 번이나, 몇 번이나, 몇 번이나, 몇 번이나 그 쌀알을 보고 몇 번이나, 몇 번이나, 몇 번이나, 몇 번이나 충격을 받았습니다.

「반야심경」은 지혜를 이해하고 자신의 인간성을 완성하기 위한 가르침입니다. 「반야심경」의 맨 처음에 나오는 '반야바라밀다'는 지혜의 완성을 의미하는 산스크리트어 '프라슈나 파라미타'를 한자로 옮긴 것입니다.

과거 일본에서는 순산을 기원하기 위해 「반야심경」을 쓴 쌀을 먹었다고 합니다. 쌀은 삶을 유지하기 위한 식량의 상징입니다. 즉, 「반야심경」을 쓴 쌀을 먹는 행위는 생명을 이어감과 동시에, 앞으로 태어날 아이에게 지혜를 주는 것이기도 합니다.

미국이 세계 최고의 경제 발전을 이룬 원동력은 자동차나 전기 제품의 발명과 그것들을 대량 생산하는 기술이었습니다.

한편 전쟁이 끝나고 일본이 처참한 밑바닥에서 GDP 세계 2위까지 올라설 수 있었던 이유는 타고난 성실함과 손재주, 섬세함, 치밀함을 발휘해 미국과 유럽이 만들어낸 자동차 부품과 전기 제품의 품질을 높였기 때문입니다.

그 이후 미국에서는 IT 관련 사업이 자동차나 전기 제품 사업을 능가하는 시대가 되었습니다. IT 시대의 총아 중 한 사람이 애플의 창업자인 고 스티브 잡스입니다.

잡스는 이노베이션의 화신이라고 하지만, 그는 위대한 제품을 개발한 것도 아니고 세상을 바꿀 만한 혁신적인 아이디어가 있었던 것도 아닙니다. 하지만 그에게는 미학과 철저함이 있었습니다.

그는 결혼식과 장례식을 조동종 방식으로 할 만큼 일본의 선에 심취했던 것으로 알려져 있는데, 제품을 만들어내는 그의 아름답고 섬세하고 궁극적인 미학은 일본의 풍토와 일본인이 키워온 선의 영향을 받았다고 할 수 있습니다.

기업의 영고성쇠를 과거·현재·미래에 걸쳐 보았을 때, 앞으로 나타날 기업은 대량 생산과 대량 소비를 강조하는 기업이 아니라는 사실을 알 수 있습니다. 더 섬세하고, 더 치밀하고, 더 성실하고, 더 배려하는 마음으로 사람들의 고민이나 어려움에 다가가는 기업이 성장할 것입니다.

시대는 하드웨어(건물이나 기계, 도구처럼 형태가 있는 것)에서 소프트웨어(의식이나 교육, 정보처럼 형태가 없는 것)로 바뀌고 있습니다. 자원이 풍부하지 않은 일본이 앞으로 세계에 가치를 제공하려고 한다면 그것은 일본인이 지금까지 소중하게 키워온 소프트웨어일 것입니다.

대자연에 대한 경외와 경의, 농경으로 키워온 공동체 의식, 그런 환경 속에서 몸에 밴 성격, 즉 배려와 섬세함, 치밀함, 손재주 같은 일본인의 특성은 더 높은 평가와 인정을 받을 것입니다.

일본은 세계에서 가장 빨리 저출생 고령화 사회를 맞이하고 있습니다. 배려의 마음을 가지고 육체적·정신적 약자에게 편리함과 쾌적함을 안겨주는 제품이나 서비스를 만들어낸다면, 지금부터 그 길을 걸어갈 다른 나라에 앞서서 시장을 선도할 수 있지 않을까요?

예를 들어, 지금 전 세계에서는 일본의 '온수 세정 변기 커버'를 놀라움과 감동으로 받아들이고 있습니다. 내 이란 친구는 "나도 아버지도 치질로 고생하고 있어서 이것이 없으면 안 돼" 하면서 제일 먼저 구입했습니다.

부처의 마음

일본의 공작 기계는 정밀하고 안전성이 뛰어나며 단순하고 작업성도 좋아 외국에서 높은 평가를 받고 있습니다. 또한 일본의 문구류는 예쁘고 종류가 다양하며 사용하기 편리해 일본에 사는 외국인에게 인기가 많습니다.

내가 충격을 받은, 「반야심경」을 쓴 쌀알이 상징하는 것은 정밀한 손재주와 치밀함, 섬세함 그리고 무엇보다 아이가 건강하게 태어나기를 바라는 부모의 마음이었습니다.

"가장 먼저 마음이 있다. 그 마음을 이루기 위해 창조적인 연구를 하고 기술을 연마하면, 그다음에 배려로 가득 찬 아름다운 상품이나 서비스가 태어난다." 「반야심경」을 쓴 쌀알은 나에게 그런 사실을 가르쳐주었습니다.

선의 가르침으로 일본 기업의 글로벌 전략을 설명한다면 대량으로 생산하고 대량으로 소비하고 대량으로 부를 낳는 비즈니스 모델에서 벗어나 손재주와 근면함, 성실함이라는 일본인의 특성을 발휘하는 것이라고 생각합니다.

15

초심을 잊지 말고 남 몰래 노력하라
그것이 일의 본분이다

평안을 얻기 위해 자신을 단련하십시오.
Resolutely train yourself to attain peace.
부처(Buddha)

어느 날 회사원 M 씨로부터 이직할지 말지 고민이라는 상담 신청을 받았습니다.

입사한 지 6년. 그는 자신이 지금까지 회사에 공헌했다는 자부심을 갖고 있었습니다. 그만큼 일도 열심히 했고요. 그런데 그런 것이 인사 고가에 반영되지 않아 월급이 오르지 않고, 회사가 자신을 인정해주지 않아서 그만두고 싶다는 것이었습니다.

나는 그의 이야기를 끝까지 들은 뒤, 선종의 가르침을 두 가지 말해주었습니다.

초심불개初心不改.

잠행밀용潛行密用.

'초심불개'는 『벽암록』에 나오는 말로, "뭔가 하겠다고 마음먹었을 때의 결심을 바꾸지 말고 계속 가진다"는 뜻입니다.

'잠행밀용'은 중국 당나라의 선승 동산양개洞山良价(중국 조동종의 개조)가 남긴 말로, "눈에 띄지 않도록, 누가 했는지 알 수 없도록, 일상의 사소한 일이라도 대충 하지 않는다"는 뜻입니다.

동산양개가 쓴 「보경삼매寶鏡三昧」라는 한시에는 다음과 같은 구절이 있습니다.

"남이 보지 않는 곳에서 해야 할 선善을 오로지 우직하게 한다."

초심불개와 잠행밀용을 실천해 인생을 개척한 사람이 있습니다. 세계 일류 셰프 반열에 오른 '오텔 드 미쿠니'의 대표 미쿠니 기요미三國淸三입니다.

미쿠니 셰프는 어린 시절 햄버거 요리사가 되고 싶어서, 중학교를 졸업한 후 야간 조리사 학교를 거쳐 '북쪽의 영빈관'이라고 불리는 삿포로 그랜드 호텔에서 수련하기 시작했습니다.

삿포로 그랜드 호텔에서 맡은 첫 번째 일은 종업원 식당의 취사 보조였습니다.

그는 하수구 청소든 뭐든 한다는 마음으로 일을 하고, 취사가 끝난 다음에도 연회장의 접시 닦기를 혼자 떠맡았습니다. 직원 기숙사에는 거의 들어가지 않고 주방에 남아서 매일 밤 요리 만드는 훈련을 했다고 합니다.

그리고 열여덟 살 때, 요리장 보조로 스테이크 왜건을 맡을 만큼 성장했습니다. 어린 시절의 초심을 끝까지 관철한 결과입니다.

그 후 삿포로를 떠나 도쿄로 올라온 그는 데이코쿠 호텔에서 일하게 되었습니다. 그런데 삿포로 그랜드 호텔에서는 요리장 보조였다고 해도, 데이코쿠 호텔에서는 아르바이트 설거지꾼에 불과했습니다.

2년이 지나도 정사원이 되지 못해 홋카이도로 돌아갈까 했지만, 그는 스스로에게 맹세했습니다.

'가령 홋카이도로 돌아간다고 해도 일본 최고 호텔의 설거지를 담당한 사람으로서, 호텔의 냄비를 전부 반짝반짝하게 닦고 나서 떠나겠다.'

그러곤 상사에게 "호텔에 있는 모든 레스토랑의 설거지장을 돕게 해주세요. 돈은 필요 없습니다"라고 말한 뒤, 그날부터 매일 밤 자기 일이 끝나고 모든 레스토랑을 돌아다니며 냄비를 닦았다고 합니다.

그렇게 석 달쯤 지났을 무렵, '요리사의 신'이라는 찬사를 받는 데이코쿠 호텔의 무라카미 노부오村上信夫 요리장으로부터 생각지도 못한 제안을 받았습니다.

"데이코쿠 호텔 사장님께서 600명의 요리사 중에 가장 실력 좋은 사람을 제네바 일본 대사관 요리장에게 추천해주라고 해서 자네를 뽑았네."

정직원도 아니고 한 번도 요리 실력을 보여주지 않은 일개 아르바이트생을 중요한 직책에 발탁한 것입니다.

미쿠니 셰프는 종업원 식당에서 취사 보조로 일할 때도, 설거지장에서 아르바이트를 할 때도 자신의 신념에 따라서 불평하지 않고, 오직 눈앞에 있는 일을 우직하게 계속했습니다. 무라카미 요리장은 그런 미쿠니 셰프의 한결같은 모습과 꾸준히 노력하는 강인한 마음을 알아본 것입니다.

'앞이 보이지 않아도 초심을 잃지 않는다. 눈앞에 있는 일을 필

사적으로 해낸다.'

야심이나 사리사욕, 남들의 평가 따위에 신경 쓰지 않고 오직 자신에게 주어진 일을 해낸 결과, 미쿠니 셰프 앞에 커다란 길이 열린 것입니다.

M 씨에게도 초심이 있었을 것입니다. 그 회사에서 어떤 일을 하고 싶다는 의지나 목표가 있었을 겁니다. 그러한 초심을 이루기 위해서 남이 알아주지 않아도 계속 노력할 수 있다면, 나는 이직을 해도 좋다고 생각합니다.

하지만 남의 눈을 신경 쓰면서 높은 평가를 얻기 위해 행동하고 있다면, 이직은 아직 시기상조입니다. 인간의 가치는 남이 보지 않는 곳에서 하는 행동으로 정해지기 때문이지요.

남의 평가에 일희일비하지 말고 자신의 신조나 신념에 따라서 우직하게 살아가는 것. 자신이 원하는 미래는 그 끝에 있다고 생각합니다.

16

뛰어난 상사란
자기 일을 부하 직원에게 맡기는 사람이다

자기 자신이 주인인데, 다른 누가 주인이 될 수 있을까요?
자신을 잘 통제하면 찾기 어려운 주인을 얻을 수 있습니다.
Your own self is your master; who else could be? With
yourself well controlled, you gain a master very hard to find.
부처(Buddha)

부처님은 제자의 능력을 끌어내는 데 천재였습니다.

불교가 급속히 발전할 수 있었던 데에는 부처님의 10대 제자
라고 일컫는 수제자들도 한몫했습니다. 그들에게는 각자 뛰어난
능력이 있어서, '○○제일'이라는 별명을 가지고 있었죠. 예를 들
어, 사리불舍利弗은 지혜제일, 목건련目犍連은 신통神通제일이라는 식
으로 말이지요. 불교를 이끌었던 분은 부처님이지만 스스로 운영
을 하신 것은 아닙니다. 제자의 특성을 지켜본 다음에 모든 것을

그들에게 위임했습니다.

현대의 조직론에 비추어보면, 불교의 번영은 부처님(상사)으로
부터 권한을 위임받은 제자들(부하 직원)이 주체적으로 움직이며
자신의 능력을 발휘한 결과라고 생각합니다.

앞에서 말한 것처럼 부처님 생전에는 경전이 없었기 때문에,
제자들은 부처님께서 열반하신 후 결집結集을 했습니다. '결집'이
란 제자들의 기억 속에 있는 부처님의 말씀을 경전으로 만드는
회의를 말합니다.

결집에서 가장 큰 역할을 한 사람이 바로 아난입니다. 부처님
의 사촌 동생인 아난은 오랫동안 부처님 곁에서 봉사하면서 누
구보다 많은 설법을 들었기에 다문多聞제일이라는 별명을 가지고
있었죠.

우리가 지금 부처님의 가르침을 알 수 있는 것은 아난이 부처
님의 많은 말씀을 기억한 덕분입니다. 불교를 후세에 전한 핵심
인물이라고 할 수 있겠지요.

아난은 10대 제자 중에서 가장 깨달음이 늦은 제자였습니다.
실은 깨달음을 얻은 게 부처님께서 열반하신 후라고 합니다. 어
느 누구보다 부처님 곁에 오래 있었는데, 아난은 왜 깨닫지 못한
걸까요?

아마 본인의 마음속에 측근이라기보다 종자從者, 곧 따라다니는 사람이라는 의식이 강했기 때문이 아닐까 합니다. 그래서 자주성에 뚜껑이 닫혀 있었던 것이지요.

그런데 결집이라는 큰 임무를 맡음으로써 아난은 깨달음을 얻었습니다. 부처님의 가르침을 되새김질하는 사이에 부처님의 참뜻을 깨달은 것입니다.

이와 마찬가지로 상사가 자신의 권한 일부를 부하 직원에게 나눠주고 본인의 재량으로 일을 하게 만들면 조직은 성장합니다.

혼다의 창업자 혼다 소이치로本田宗一郎가 평생 기술자로 있을 수 있었던 이유는 후지사와 다케오藤澤武夫에게 경영의 전권을 맡겼기 때문입니다. 혼다 소이치로가 기술의 천재라면 후지사와 다케오는 경영의 천재였습니다.

또한 애플의 창업자 스티브 잡스와 같이 세계를 바꾼 스티브 워즈니악, 빌 게이츠와 함께 마이크로소프트를 창업한 폴 앨런, 소프트뱅크그룹 손정의 사장의 심복이라는 미야가와 준이치宮川潤一처럼 성장한 기업에는 반드시 권한을 위임받은 명참모가 존재합니다.

조직이 발전하기 위해서는 멤버 전원이 최대한 힘을 발휘할 필요가 있습니다. 그러기 위해서도 조직을 맡은 리더는 적극적으로 부하 직원에게 일을 맡겨야 합니다. 책임 있는 일을 맡은 부하 직원은 자주성과 자율성이 자라고 몰라보게 성장하는 법이지요.

일을 잘 맡기기 위해서는 상대의 수준에 맞춰서 왜, 무엇을, 어떻게 해서, 그 결과 어떤 상태를 얻고 싶은지 확실하게 전해야 합니다.

특히 중요한 점은 '왜' 그 일을 하는지, 의미나 의의를 정확하게 전하는 것입니다. 또한 일단 맡겼으면 어중간하게 참견하지 마세요. 상대를 믿고 전부 맡기는 편이 좋습니다.

신뢰를 받는 사람은 '왜'에 관해서 자유롭게 생각하며 새로운 '어떻게 해서'를 만들어냅니다. 그 새로운 '어떻게 해서'가 독자적인 기술과 서비스, 노하우로 축적되는 것입니다.

17

사업 방식이 이치에 맞으면
이익은 저절로 나오기 시작한다

마음이 욕망으로 가득 차 있지 않은 사람에게는 두려움이 없습니다.
There is no fear for one whose mind is not filled with desires.
부처(Buddha)

나는 서른두 살에 창업을 했습니다. 그 이후 불교 이념을 바탕으로 직원과 고객 모두 이익을 얻는 시스템을 구축해 여러 회사를 만들었습니다. 서른여덟 살에 절로 돌아오기로 결심하고 지금은 사업의 모든 권한을 넘겼습니다.

매출과 이익은 그 회사의 경영 상태를 평가하는 중요한 지표이지만, 내가 무게를 둔 부분은 매출을 올리는 게 아니라 이익을 내는 것이었습니다.

경영과 이익은 본래 불교 용어입니다.

먼저 경영經營의 경經은 실絲을 말합니다. 직물은 씨실(가로 실)과 날실(세로 실)로 짜여 있는데, 나는 사람의 길도 씨실과 날실이 겹치면서 짜인다고 생각합니다. 날실은 똑바르고 사리에 맞는 것, 씨실은 자유롭게 변화하는 것을 의미합니다.

또한 영營은 영위하고 실행하는 것, 즉 게으름 부리지 않고 열심히 일하는 것을 말합니다. 바뀌지 않는 것(날실)과 바뀌어야 하는 것(씨실)을 모두 받아들이면서 자신의 인생을 영위해나가는 것이 경영의 기본입니다.

한편 불교에서 이익은 공덕과 은혜를 가리킵니다. 공덕이란 부처님이나 보살님이 주는 은혜를 말하지만, 그 은혜는 다른 사람을 위한 행위 또는 주변 사람들이 기뻐하는 행위의 결과로 이뤄지는 것입니다.

우뭇가사리 분야의 일등 업체인 이나伊那식품공업의 쓰카코시 히로시塚越寬 회장은 토요타 자동차의 도요다 아키오豊田章男 사장이 스승이라고 부를 정도로 뛰어난 경영자입니다. 그는 분말 우뭇가사리의 생산 기술 개발과 용도 확대 그리고 제조 기술의 근대화 공적을 인정받아 일본 정부로부터 각종 훈장을 수상하기도

_____ 부처의 마음

했습니다.

얼마 전 쓰카코시 회장으로부터 이런 이야기를 들은 적이 있습니다.

"수치를 추구하지 않고 오직 좋은 회사를 만들겠다는 목표를 세웠지요. 잘나가는 회사는 매출의 수치로 알 수 있지만 좋은 회사의 가치는 수치로 측정할 수 없으니까요. 진정한 경영은 직원이 행복해지는 회사를 만들고, 그것을 통해 사회에 공헌하는 것이라고 생각합니다."

쓰카코시 회장이 생각하는 좋은 회사란 경영상의 수치가 좋을 뿐만 아니라, 그 회사를 둘러싼 모든 사람이 좋은 회사라고 말하는 회사입니다.

업무 시간 전에 어떤 사람은 빗자루를 들고 어떤 사람은 갈고리를 들고 청소합니다. 승용차로 출근할 때는 회사 담장에서 우회전하지 않습니다. 직원들의 차가 수십 대나 우회전하면 뒤에 있는 차들이 막혀서 정체의 원인이 되기 때문이죠.

슈퍼마켓 주차장에서는 일부러 입구와 떨어진 곳에 주차합니다. 입구에서 가까운 주차 공간은 임산부나 노인, 짐이 많은 사람을 위해 일부러 비워두는 것입니다.

이처럼 나를 잊고 남을 이롭게 하는 망기이타忘己利他의 정신으로 이나식품공업은 48년 연속 매출 및 이익 증가를 달성할 수 있었습니다.

내 이익을 추구하는 것이 아니라 누군가의 곤란한 상황을 해결해주려 하고, 타인이나 세상을 위해 일하면 우리가 '이익'이라고 부르는 것이 저절로 손에 들어오게 마련입니다.

회사가 하는 사업이나 경영 방식이 이치에 맞는다면 이익이 나오고, 이치에 맞지 않는다면 이익이 나오지 않습니다.

이익이란 어디까지나 사업과 경영이 좋으냐 나쁘냐의 결과인 것입니다.

18

비즈니스에서 중요한 것은
돈이 아니라 기운이다

. . . .

당신이 있는 곳에 존재하세요. 그렇지 않으면 삶을 잃어버릴 것입니다.

Be where you are: otherwise you miss your life.

부처(Buddha)

. . . .

비즈니스에서는 돈이 매우 중요합니다. 매출이나 이익이 나오
지 않으면 경영을 계속할 수 없으니까요. 하지만 돈보다 중요한
것이 있으니, 바로 기氣입니다.

동양 사상의 중심인 기는 세상을 움직이는 에너지를 가리킵니다.

당나라의 선승 무업선사無業禪師는 망상을 일으키지 말라는 막
망상莫妄想을 주장했습니다. 막망상이란 현실과 동떨어진 공상 또
는 몽상을 하거나, 생각해봐야 어쩔 수 없는 것으로 고민할 필요

없다는 가르침입니다.

'이렇게 되면 어떡하지? 저렇게 되면 어떡하지?' '매출이 오르지 않으면 어떡하지?' '경기가 나빠지면 어떡하지?' '손님이 오지 않으면 어떡하지?' 등 바람직하지 않은 상상에 사로잡혀 있으면 기가 꺾일 수밖에 없습니다.

자연계의 에너지는 대기大氣와 공기空氣, 천기天氣이고, 인간을 움직이는 에너지는 원기元氣입니다. 원기를 잃어버리고 몸의 에너지가 줄어들면 병기病氣에 걸립니다. 경제를 움직이는 것은 경기景氣인데, 이 경기를 사회 전체의 기분이라고 말하는 사람도 있습니다.

비즈니스에서 가장 위험한 것은 돈을 잃어버리는 게 아니라 마음이 약해지는 것, 기력이 없어지는 것이라고 나는 생각합니다.

나의 스승인 레이호 부산靈峰無三(복엄사 전 주지)은 예전에 가나가와현에서 목장을 경영하는 A 씨로부터 상담 신청을 받은 적이 있습니다.

"경영이 힘들어서 이대로 가면 할아버지 때부터 해온 목장을 그만두어야 합니다. 어떻게 해야 좋을지 몰라서 고민 중입니다."

그때 스승은 본질적인 문제는 A 씨가 망상에 사로잡혀 기력을 잃은 것이라고 간파했습니다. 그래서 A 씨를 복엄사 본당으로 데려가 이렇게 말했습니다.

"사정은 잘 알았습니다. 이제 부처님 앞에서 당신의 마음과 마주해보십시오."

A 씨가 본당의 부처님께 인사를 하고 새전함에 새전을 넣으려고 하는 순간, 스승이 크게 호통을 쳤습니다.

"지금 새전을 얼마 넣을지 망설였지요? 밑바닥에서 여기까지 찾아왔는데 부처님과 마주하려 할 때, 어떻게 새전 금액을 신경 쓰실 수 있지요? '100엔은 너무 많으니까 10엔으로 하자' 같은 작은 마음과 작은 망설임, 작은 판단이 회사를 엉망으로 만드는 것 아닌가요? 부처님 앞에서 망설여서는 안 됩니다. 망상을 해서도 안 됩니다. 집에 가는 기찻값을 신경 써서도 안 됩니다. 지갑에 손을 넣고 돈을 잡았다면 그대로 넣으십시오!"

스승의 일갈을 듣고 A 씨는 마음을 바꾸었습니다. 목장을 계속하기로 결심하고 은행을 설득해 대출을 받았습니다. 그리고 소똥을 퇴비로 바꾸는 기계를 도입했습니다. 그 이후, 정원 손질이 붐을 일으키면서 A 씨가 만든 퇴비는 큰 이익을 낳게 되었습니다. 새로운 기계로 만든 퇴비가 사용하기 쉽고, 냄새도 나지 않았기 때문이지요.

목장의 경영 상태가 좋아진 가장 큰 요인은 A 씨가 갈등을 끊어냈기 때문입니다. 헛된 망상에 흔들리지 않고 경영자로서 각오를 정한 뒤 지금 할 수 있는 일을 열심히 한 결과, 즉 원기를 회복하자 회사의 경영 상태가 상승 곡선을 그린 것입니다.

"그만두려면 그만두어라. 하지만 나아가기로 마음을 먹었으면 나아가라!"

그럴 때 문제가 되는 것은 경영자의 자세입니다. 이쪽으로 갈까 저쪽으로 갈까 갈등하지 말고, 아직 오지도 않은 미래를 떠올리며 고민하지 마십시오. 사업을 반석 위에 올려놓으려면 경영자가 막망상을 실천하고 '기'를 줄이지 말아야 합니다.

19

노력과 재능보다 중요한 것은
일에 대한 자세다

이미 가지고 있는 것에 감사하지 못하는 사람에게
행복은 결코 찾아오지 않을 것입니다.
Happiness will never come to those who fail to appreciate
what they already have.
부처(Buddha)

대부분의 사업가는 노력과 재능이 좋은 결과를 만들어내는 원
천이라고 생각합니다.

"열심히 노력하는데도 불구하고 언제까지나 역경에서 벗어나
지 못한 채, 아무런 보답도 받지 못하는 사람이 있습니다. 반면에
금방 쑥 치고 나가서 성공하는 사람도 있습니다. 좋은 결과를 낼
때 필요한 것은 노력일까요, 아니면 재능일까요?"

의뢰인으로부터 이런 질문을 받았을 때, 나는 다음과 같이 대

답했습니다.

"노력과 재능도 필요하지만 결과에 차이를 만드는 것은 일에 대한 자세가 아닐까요?"

좋은 결과를 내는 사람에게는 한 가지 공통점이 있습니다. 일에 대한 자세가 진지하다는 것입니다. 나는 특히 다음과 같은 세 가지 자세가 중요하다고 생각합니다.

① 반상합도反常合道

언뜻 보기에 상식에 어긋나는 일을 하는 것 같지만 실은 이치에 맞는 것.

좋은 결과를 내는 사람은 상식에 얽매이지 않고 남들과 다른 발상을 한다. 세상의 상식과 다른 일, 남이 하지 않는 일, 남이 반대한 일을 일부러 해보는 것이 중요하다.

주식 상장의 세계에 "사람이 가는 뒤쪽에 길이 있고 산더미 같은 꽃이 있다"라는 격언이 있는 것처럼 이익이나 결과를 얻기 위해서는 때로 남들과 반대로 행동해야 한다.

② 신어의 평등身語意平等

자신의 생각과 말, 행동이 일치할 것.

생각, 말, 행동이 일치하는 사람은 거짓도 망설임도 없으므로
주변의 응원을 받을 수 있다. 신어의의 에너지가 각각 다른
방향으로 향하는 사람은 언행 불일치라는 지적과 함께 신뢰
를 받지 못한다.

③ 요행즉행 요좌즉좌 要行卽行 要坐卽坐

가려고 생각하면 즉시 가고, 앉으려고 생각하면 즉시 앉는다.
다시 말해, 행동을 일으킬 때까지의 스피드가 빨라야 한다.
뭐든 즉시 하는 사람과 좀처럼 시작하지 않는 사람의 차이는
굉장하다.

복엄사의 선대 주지이자 나의 스승인 레이호 부산은 반상합도,
신어의 평등, 요행즉행 요좌즉좌의 실천자였습니다.

스승은 '복엄사를 중심으로 자비의 세계를 실현하고 싶다' '절
은 수많은 사람의 치유의 장소이자 배움의 장소다'라는 생각을
현실로 만들기 위해 평생 노력했습니다(신어의 평등).

단가 제도를 회원 제도로 바꾸고, 여기저기 흩어져 있는 매장

묘지를 새로운 곳에 모아서 개장改葬하는 등 신시대를 향한 토대를 만들기 위해 힘썼습니다(반상합도).

스승은 1976년 3월에 학교법인 복엄사학원을 설립하고, 같은 해 4월에 태양유치원을 개설했습니다.

유치원을 설립하려면 억 단위의 비용이 필요합니다. 절의 주지에게 억 단위의 자기 자본이 있을 리 없는 만큼, 자금을 모으기 위해 직접 뛰어다녔습니다(요행즉행 요좌즉좌).

자기 자본도, 담보도, 보증인도 없었습니다. 스승에게 있는 것은 오직 꿈뿐이었습니다. 은행에 대출을 받으러 간 스승은 지점장 앞에서 꿈을 언급하며 머리를 조아렸습니다.

"요즘 아이들에게 부족한 것은 기력입니다. 감성과 기를 키우는 교육이야말로 앞으로 학교 교육에 꼭 필요한 일입니다. 저는 태양과 꽃과 산의 푸르름에 둘러싸이고, 벌레와 새가 모여 사는 대자연의 품에 아이들의 낙원을 만들고 싶습니다. 부디 도와주시지 않겠습니까?"

뜨겁게 말하는 스승을 보면서 지점장은 이렇게 대답했다고 합니다.

_____ 부처의 마음

"지금 보증인이 없지요? 보증인이 없으면 대출해드릴 수 없습니다. 그렇다면 …… 내가 보증인이 되어드리죠."

지점장은 그날 처음 만난 스승에게 자신이 보증인이 돼주겠다고 했습니다. 지점장을 움직인 것은 유치원을 만들고 싶다는 스승의 자세였습니다.

자금을 모으는 것뿐만 아니라 원아를 모으는 일도 스승이 직접 했습니다. 공원에서 아이들을 상대로 종이 연극을 하고, 전단지를 나눠주고, 학부형과의 신뢰를 쌓으면서 조금씩 원아를 늘려간 것입니다.

태양유치원이 창립 40주년을 맞이할 수 있었던 것은 많은 분이 반상합도, 신어의 평등, 요행즉행 요좌즉좌를 실천한 스승을 응원해준 결과입니다.

일에 대한 자세가 정립되지 않으면 계속 노력할 수도, 재능을 살릴 수도 없습니다.

"남들과 다른 발상을 한다. 언행을 일치시킨다. 한 번 한다고 정하면 즉시 행동으로 옮긴다."

반상합도와 신어의 평등, 요행즉행 요좌즉좌를 실천하는 것이야말로 일에서 좋은 결과를 내는 데 핵심인 것입니다.

3장

행복은
많이 베푸는 것입니다

20

부처님이 가르쳐주는, 부자가 되는 방법

마음이 모든 것입니다. 당신이 생각하는 대로 됩니다.
The mind is everything. What you think you become.
부처(Buddha)

얼마 전에 어느 분으로부터 이런 질문을 받았습니다.

"부처님께서는 번뇌나 욕심에 현혹되어서는 안 된다고 하셨습니다. 그렇다면 불교는 돈벌이를 부정하는 건가요?"

불교에서는 돈을 죄악시하지 않습니다. 돈벌이를 부정하지도 않습니다. 『대장엄론大莊嚴論』이라는 경전에는 "인간이 행복해지기 위해서는 다음의 네 가지가 중요하다"고 쓰여 있습니다.

- 건강제일의 리利 …… 건강할 것.
- 지족제일의 부富 …… 생활을 안정시킬 것.
- 선우제일의 친親 …… 좋은 친구 관계를 쌓을 것.
- 열반제일의 악樂 …… 남들을 도와주면서 살아갈 것.

이 네 가지 가르침을 보면 부처님이 돈을 어떻게 생각했는지 알 수 있습니다.

미국 부유층 연구의 일인자 토머스 J. 스탠리 박사와 윌리엄 D. 댄코 박사는 1만 명 넘는 백만장자의 인터뷰와 설문을 통해 자산과 연수입, 직업, 행동 패턴과 소비 유형을 조사했습니다. 그 결과 그들은 백만장자의 공통점을 일곱 가지로 정리했습니다.

1. 수입보다 훨씬 적게 소비한다.
2. 재산 형성을 위해 시간, 돈, 에너지를 효율적으로 배분한다.
3. 사회적 체면보다 경제적 독립을 중요시한다.
4. 사회인이 되면 부모에게서 경제적 지원을 받지 않는다.
5. 아이들은 경제적으로 자립한다.
6. 새로운 시장 기회를 적극적으로 공략한다.

───── 부처의 마음

7. 자신에게 맞는 직업을 선택한다.

백만장자의 이러한 일곱 가지 공통점은 실은 부처님이 이미 2,500년 전에 말씀하신 것입니다.

1. 수입보다 훨씬 적게 소비한다

생활의 안정을 위해서는 돈이 필요하다고 생각하는 것이 불교입니다. 하지만 지족_{知足}이라는 말처럼 "돈은 필요하지만 필요 이상을 원해서는 안 된다. 자신의 능력에 걸맞은 곳에서 만족하라"고 부처님은 말씀하셨습니다.

2. 재산 형성을 위해 시간, 돈, 에너지를 효율적으로 배분한다

부자는 심신의 건강이 얼마나 중요한지 알고 있습니다. 가령 수면은 생활 습관병의 위험을 낮추고 신체의 모든 기능을 높이는 만큼 건강에 가장 중요한 요소입니다. 하지만 돈이 없는 사람일수록 수면을 경시합니다.

또한 바쁘다는 핑계로 가족이나 소중한 사람에게 시간과 돈, 에너지를 아껴서는 건강한 사업을 할 수 없습니다.

3. 사회적 체면보다 경제적 독립을 중요시한다

사회적 체면을 생각하는 것은 허세를 부리는 것이고, 허세를 부리는 것은 자신에게 필요한 게 무엇인지 모르는 것입니다. 또한 허세를 부리는 것은 본인한테 자신감이 없고 열등감이 있으며 정신적으로 건강하지 못한 상태입니다.

4. 사회인이 되면 부모에게서 경제적 지원을 받지 않는다

불교에서는 부모도 배우자도 자식도, 선생도 학생도, 상사도 부하 직원도 모두 좋은 친구입니다. 좋은 친구는 지혜와 자비를 갖춘 자립한 인간입니다. 그런 좋은 친구를 만나서 서로 성장하고 성장시키는 관계를 쌓는 사람은 부자가 될 수 있습니다.

5. 아이들은 경제적으로 자립한다

아이들이 성인이 되어서도 자립하지 못하면 부모의 나이가 많아질수록 생활이 힘들어집니다.

6. 새로운 시장 기회를 적극적으로 공략한다

새로운 기회는 누구에게나 찾아옵니다. 하지만 평소에 준비

를 게을리하지 않는 사람만이 그 기회를 잡을 수 있습니다. 심신의 건강이 좋지 않거나, 욕심에 사로잡혀 자신만 이득을 보려고 하거나, 좋은 인간관계를 쌓지 않았거나, 스스로에게 자신감이 없고 마음이 안정되지 않은 사람은 모처럼 찾아온 기회도 잡을 수 없습니다.

아무리 부자라도 건강과 지족, 선우善友, 열반의 네 가지 조건을 모두 충족한 사람은 없습니다. 하지만 경제적으로 풍요로운 사람은 네 가지 중 하나라도 눈에 띄게 좋은 상태에 있거나 모두 높은 수준에 올라가 있습니다.

반면에 이 가운데 어느 하나가 없거나 전부 낮은 수준에 있는 사람은 새로운 기회를 잡지 못할 것입니다.

7. 자신에게 맞는 직업을 선택한다

대부분의 경우, 자신에게 맞는 직업의 씨앗은 어린 시절에 뿌려져 있습니다. 어린 시절에 좋아했던 것, 잘했던 것, 정신없이 빠졌던 것 주변이나 그 연장선에 자신에게 맞는 직업이 있습니다.

풀과 꽃의 씨앗은 흙에 뿌린다고 해서 무조건 자라지 않습니다. 적절한 빛과 물, 영양분 같은 조건이 갖추어지지 않으면 열매를 맺지 않습니다. 자신에게 맞는 직업도 그 씨앗이 싹을 틔우고 꽃을 피우려면 건강과 지족, 선우, 열반이라는 네 가지 조건이 필요합니다.

백만장자를 연구한 스탠리 박사와 댄코 박사는 이렇게 결론을 내렸습니다.

"대부분의 백만장자는 흔한 직업과 가정을 가진 평범한 사람이었다."

그렇다면 평범한 사람이 어떻게 백만장자가 될 수 있었을까요? 가장 큰 요인은 그들이 만족을 알고 검소하게 살았기 때문입니다.

선종의 사찰에는 다음과 같은 얘기가 전해 내려오고 있습니다.

1. 부자 중 부자 : 돈이 있고, 그 돈을 남을 돕는 일에 사용할 수 있는 사람.

2. 부자 가난뱅이 : 돈을 충분히 가졌으면서 더 가지고 싶다고 욕심내는 사람. 자신의 욕심을 채우기 위해서만 돈을 사용하는 사람.

3. 가난뱅이 부자 : 돈은 별로 없지만 어려운 사람을 보면 자

신의 재산을 내놓는 사람.

4. 가난뱅이 중 가난뱅이 : 돈도 없고 마음도 풍요롭지 않은
   사람.

부자는 돈을 많이 버는 사람이 아닙니다. 불교에서는 자신의
수입에 걸맞게 생활하는 사람, 어려운 이웃을 위해 돈을 쓰는 마
음이 풍요로운 사람을 부자라고 생각합니다.

지족을 실천하는 사람에게는 부가 들어옵니다. 들어온 부를 어
려운 사람을 위해 사용하면 그 선행에 보답하듯이 또 부가 들어
옵니다. 이렇게 해서 부의 순환이 태어나는 것입니다.

21
돈은 정말로 소중한 것을
손에 넣기 위한 도구다

행복은 많이 갖는 것이 아닙니다. 행복은 많이 베푸는 것입니다.
Happiness is not having a lot. Happiness is giving a lot.
부처(Buddha)

불교의 가르침은 소욕少欲과 지족知足입니다. '소욕'이란 자신에게 없는 것을 많이 원하지 않는 것이고, '지족'이란 이미 가지고 있는 것으로 만족하는 것입니다.

욕망은 한 번 충족되면 반드시 더 갖고 싶다는 다음 욕망을 낳는 특성을 가지고 있습니다. 따라서 부처님은 만족함을 알고 욕심을 조절하라고 말씀하셨습니다.

욕망이란 현실에 만족하지 않는 마음이 드러나는 것입니다. 이미 얻은 것에 만족하면 더 가지고 싶다는 욕심을 줄일 수 있지 않을까요?

소박한 모습으로 세계에서 제일 가난한 대통령이라는 칭송을 받는 남미 우루과이의 호세 무히카 전 대통령은 수입의 대부분을 재단에 기부했습니다.

그는 평소 이렇게 말한 것으로도 유명합니다.

"내가 생각하는 가난한 사람은 욕심이 끝이 없고, 아무리 많이 가져도 만족하지 않는 사람이다. 하지만 나는 약간의 물질로 충분히 만족하며 살고 있다. 소박할 뿐이지 가난하지는 않다."

물건을 많이 사서 물질적으로 충족해도 마음이 가난하면 아무 소용이 없습니다. 그런 사실을 알고 있는 호세 무히카 전 대통령은 소욕과 지족을 알고 실천하는 사람입니다.

예전에 어느 스님으로부터 소욕과 지족의 본질에 관해 들은 적이 있습니다.

"지적 장애를 앓는 아이가 어느 시설에 맡겨졌지요. 시설의 선생님은 그 아이가 사회에서 제대로 살아가기를 바라며 돈의 사용법을 가르쳐야겠다고 생각했습니다. 수업이 끝난 뒤, 선생님은 1엔, 5엔, 10엔, 50엔, 100엔, 500엔짜리 동전을 죽 늘어놓고 아이에게 물었지요.

'이 중에서 가장 가치 있는 돈은 뭐지?'

그러자 아이는 500엔이 아니라 10엔을 가리켰습니다. 선생님이 몇 번을 물어도 아이는 똑같이 10엔을 선택했습니다.

'왜 10엔을 선택할까?'

이윽고 선생님은 그 이유를 알아차렸습니다.

아이는 일주일에 한 번 공중전화로 엄마에게 전화를 걸었는데, 그 시설에 있는 것은 10엔짜리 동전밖에 사용할 수 없는 오래된 다이얼식 전화기였지요. 그 아이가 엄마와 통화하는 데에는 500엔짜리 동전도 100엔짜리 동전도 필요 없었던 것입니다.

선생님이 '10엔을 선택한 건 엄마랑 통화할 수 있기 때문이니?'라고 묻자 아이는 '네!'라고 힘차게 대답하며 환하게 웃었다고 합니다."

동전의 객관적 가치와 그 아이의 주관적 가치는 똑같지 않습니다.

객관적으로 수치를 비교한 경우에는 10엔보다 100엔이나 500엔이 확실히 가치가 있겠죠.

하지만 그 아이에게 가장 소중한 것은 엄마와 통화하는 시간이고, 그러기 위해 필요한 것은 공중전화에 넣을 10엔짜리 동전이었습니다. 10엔이 있으면 그걸로 만족했던 것입니다.

돈은 정말로 소중한 것을 손에 넣기 위한 도구에 불과합니다. 소욕과 지족을 실천하기 위해서는 우선 자신의 생활을 되돌아보며 자신에게 정말로 필요한 것과 정말로 소중한 것이 무엇인지 알아야 합니다. 그런 다음에 정말로 필요한 것과 정말로 소중한 것을 손에 넣기 위해서 얼마가 필요한지 생각해보세요.

충족감을 얻기 위해서 어느 정도의 돈이 필요하다는 것을 알고 있으면, 돈에서 안정을 추구하거나 오직 돈만 쫓아다니는 일은 없지 않을까요?

22
가난에서 벗어나고 싶다면
남을 위해 아낌없이 주어라

하나의 양초로 수천 개의 양초를 밝힐 수 있으며,
그 양초의 수명은 짧아지지 않습니다.
행복은 나눈다고 해서 결코 줄어들지 않습니다.
Thousands of candles can be lit from a single candle, and
the life of the candle will not be shortened. Happiness never
decreases by being shared.
부처(Buddha)

앞에서 말한 것처럼 불교에서는 자신의 수입에 걸맞게 생활하고, 어려운 사람을 위해 돈을 써야 부의 순환이 태어난다고 생각합니다.

그런데 이 가르침에 반론을 제기하는 사람도 있습니다.

"물론 금전적으로 여유가 있다면 남은 부분을 남에게 줘도 된다. 하지만 내가 어려운 상황에서 어떻게 남에게 나눠주겠는가? 다른 사람의 행복보다 내 행복을 우선해야 하지 않는가?"

이것이 반론하는 사람의 주장입니다. 하지만 돈을 많이 벌든 많이 벌지 않든 먼저 남에게 도움을 주는 것이 불교에서 말하는 부의 방정식입니다.

불교에는 '3척 젓가락'이라는 우화가 있습니다.

어떤 남자가 지옥을 들여다보니 죄인들이 식탁을 둘러싸고 있었습니다. 식탁에는 음식이 많이 놓여 있었는데, 죄인들은 모두 나뭇가지처럼 빼빼 말라 있었죠.

이상해서 자세히 살펴보니, 그들은 모두 3척(약 90센티미터)짜리 기다란 젓가락을 들고 있었습니다. 죽을힘을 다해 젓가락을 움직여 음식을 집어도 그 맛있는 음식을 입에 넣을 수 없었습니다. 이윽고 조바심을 이기지 못해 화를 내는 사람이 생기고 다른 사람이 집은 음식을 가로채는 사람도 생겨 추악한 싸움이 벌어졌습니다.

다음으로, 남자는 극락을 들여다보았습니다.

극락에 있는 사람들은 사이좋게 식탁에 앉아 있었습니다. 극락에서도 지옥과 마찬가지로 3척짜리 기다란 젓가락을 들고 있었지만, 사용 방법이 달랐습니다. 기다란 젓가락으로 맛있는 음식을 집더니, "드세요" 하며 다른 사람의 입안에 넣어주는 게 아니 겠습니까?

그러자 음식을 먹은 사람이 "고맙습니다. 이번에는 제가 드리 지요. 당신은 어떤 음식을 좋아하시나요?" 하며 맛있는 음식을 집어서 상대의 입에 넣어주었습니다. 이처럼 극락에서는 모두가 환하게 웃으면서 즐겁게 식사를 했습니다.

이 우화는 내가 먼저 주면 상대로부터 받을 수 있고, 상대의 행 복을 우선하면 상대도 나를 소중히 여긴다는 선순환을 상징하는 이야기입니다.

내가 주지로 있는 복엄사는 1476년에 창건해서 현재 540여 년 이 되었습니다.

"복엄사처럼 큰 절은 보시가 많이 들어올 테니까 돈을 많이 벌 겠지"라고 별생각 없이 말하는 사람도 있지만, 그렇지는 않습니 다. 선대인 부산 스님은 제자 육성과 유치원 설립·운영에 사재 를 다 털어 넣고 40년간 무급으로 일했습니다.

복엄사가 없어지지 않고 540년 넘게 오와리尾張 지방 사람들의 신뢰를 받을 수 있었던 이유는 선대를 비롯해 30명의 역대 주지

부처의 마음

(필자는 31대)가 사리사욕을 버리고 사람들을 기쁘게 해주기 위해 봉사 정신을 발휘해온 결과입니다.

가난에서 벗어나고 싶으면 남을 위해 아낌없이 주어야 합니다. 받았기 때문에 주는 게 아니라 먼저 주기 때문에 받을 수 있는 것이 불교의 원칙입니다.

23

돈을 버는 올바른 방법과
돈을 쓰는 올바른 방법

고통의 근원은 애착입니다.
The root of suffering is attachment.
부처(Buddha)

　인간이 가지고 있는 대부분의 괴로움은 욕망과 집착에서 비롯
됩니다. 그래서 부처님은 소욕과 지족을 가르치고, 자기 능력에
걸맞게 생활하라고 말씀하셨습니다. 그런데 강연회에서 소욕과
지족에 관해 말하면 돈을 벌어서는 안 되는 것이라고 해석하는
분들이 있는데, 그것은 오해입니다.

　불교에서는 오히려 경제생활을 긍정적으로 생각합니다. 돈을
올바르게 사용하는 것을 전제로 돈을 많이 벌라고 가르치고 있
습니다.

불교 경전에도 돈 버는 방법과 돈 쓰는 방법에 관해 언급한 부분이 있습니다. 『증지부경전增支部經典』은 '재산을 얻는 사람의 조건'을 다음과 같이 설명합니다.

"가게 주인이 오전에 열심히 일하고 낮에도 열심히 일하며 저녁에도 열심히 일한다면, 그 사람은 아직 얻지 못한 재산을 얻고 이미 얻은 재산을 늘릴 수 있다."

"벌이 꿀을 모으는 것처럼 열심히 일하면 그 사람의 재산은 저절로 늘어난다. 벌집이 점점 커지는 것이나 마찬가지다. 이렇게 재산을 모으면 그 사람은 가족에게 이익을 가져다주는 가장이 된다."

또한 『증지부경전』에서는 돈 쓰는 방법으로, 일해서 얻은 재산을 갖고 생활이 안정되면 남은 것을 기부하라고 권합니다.

"가난한 사람에게 보시를 함과 동시에 출가자에게 보시하라. 신자는 탁발에 나선 출가자에게 보시할 수 있을 만큼 경제적인 여유가 있어야 한다."

또한 『상응부경전相應部經典』에서는 얻은 재산을 넷으로 나누어 사용하라며, 돈 쓰는 방법에 대해 구체적으로 언급합니다.

- 생활을 안정시키기 위해 사용한다(생활비).

- 농업이나 상업처럼 일의 자금으로 사용한다(투자).
- 남에게 빌려주고 이자를 받는다(투자).
- 모은다(저축).

『증지부경전』과 『상응부경전』에 공통으로 쓰여 있는 말은 열심히 일해서 돈을 벌어 생활이 안정되었다면, 남은 돈은 쌓아두지 말고 남을 위해서 쓰라는 것입니다.

불교에서는 재산을 모으는 것에 집착해 자신에게도 남에게도 쓰지 않는 사람을 어리석은 사람으로, 재산이 생기면 자신도 쓰고 어려운 사람에게도 쓰는 사람을 지혜로운 사람으로 규정하고 있습니다.

『일본에서 가장 소중히 하고 싶은 회사』라는 책이 있습니다. 스테디셀러로 6권까지 시리즈가 나왔죠. 저자인 사카모토 고지 坂本光司 씨는 전 호세이 대학 대학원 정책창조연구과 교수로, 전문은 중소기업 경영에 관한 연구입니다. 그의 말에 따르면 40여 년에 걸쳐 전국 약 8,000개 기업을 실제로 돌아다니며 조사한 결과, 이기적인 기업은 언젠가 벽에 부딪힌다고 합니다.

또한 회사 경영은 5명에 대한 사명과 책임을 다하기 위한 활동

이라고 단언하며, 행복하게 만들어야 할 5명의 순서까지 제시했
습니다.

- 직원과 그들의 가족.
- 외주처, 사입처의 직원과 그들의 가족.
- 고객.
- 지역 사회.
- 주주와 출자자.

이 순서로 이익을 분배하는 것이 지혜로운 사람의 경영 방식
이고, 반대로 주주를 우선하거나 단기 이익을 추구하는 이기적인
행위는 어리석은 자의 경영 방식이라고 할 수 있습니다.

번 돈을 모으기만 하거나 자기만을 위해서 쓰는 것이 문제이
지, 돈을 많이 버는 것은 결코 나쁜 일이 아닙니다.

열심히 일해서 번 돈을 나에게도 남에게도 적절히 사용해서
올바르게 순환시키는 것이 부처님의 가르침입니다.

24

때가 되면 조용히 죽음을 받아들이는 것이
미망에서 빠져나오는 가장 좋은 방법

현명하게 살아온 사람은 죽음조차도 두려워할 필요가 없습니다.

Even death is not to be feared by one who has lived wisely.

부처(Buddha)

"재난을 당할 때는 재난을 당하는 게 좋소.

죽을 때는 죽는 게 좋소.

이것이 바로 재난을 피하는 방법이라오."

이 말은 에도 시대의 승려 다이구 료칸大愚良寬이 시인인 야마다
도코山田杜皐를 위로하기 위해 보낸 편지의 한 구절입니다. 야마다
도코는 1828년에 발생한 니가타현 산조三條의 대지진으로 자식

을 잃었죠.

재난을 당해도 당황하거나 소란을 피우지 말고 힘든 상황을 받아들이면서 죽을 때가 오면 조용히 죽음을 받아들이라는 뜻입니다.

재난이나 죽음은 자연의 섭리입니다. 인간이 아무리 발버둥 쳐도 피할 수 없습니다. 그렇다면 차라리 현실을 응시하고 받아들여라, 고난에 대항하지 말고 자신의 모습과 마주하라, 그것이야말로 마음의 미망에서 빠져나올 수 있는 가장 좋은 방법이라고 료칸 스님은 말했습니다.

어머니의 친구인 유영진이라는 분은 암에 걸렸습니다. 처음 암이 발견되었을 때, 유영진 씨는 분노를 느꼈다고 합니다.

"왜 나만 이런 일을 당해야 하는가!"

하지만 불교 신자인 그는 암을 증오하고 자신의 처지를 원망하며 병과 싸우려는 진에瞋恚가 자신의 몸과 마음을 갉아먹는다는 사실을 깨닫고, 병을 받아들이기로 마음을 바꾸었습니다. 여기서 '진에'는 분노와 미움, 원망 같은 증오의 감정을 말합니다. 불교에서는 인간이 극복해야 할 괴로움의 근원으로 여기는 감정입니다.

"이미 병에 걸렸으니 어쩔 수 없다. 이미 죽을 운명이니 어쩔 수 없다. 나이를 먹는 것도, 병에 걸리는 것도, 죽는 것도, 모두 자연의 섭리이니 아무리 발버둥 쳐도 어쩔 수 없다."

그는 불교의 가르침에 따라 조용히 마음을 가라앉히고, 지금 이 순간을 열심히 살기로 마음먹었습니다. 그렇다고 암을 방치한 것은 아닙니다. 치료를 받으러 병원에도 다니고 있습니다.

하지만 무슨 일이 있어도 암을 물리쳐야 한다는 진에 사로잡혀 있지는 않습니다. 병에 걸린 자신을 받아들인 것입니다.

그는 피할 수 없는 죽음을 한탄하는 게 아니라 지금의 삶을 후회하지 않고 열심히 살기로 했습니다. 그리하여 부처님 앞에서 기도하고, 남을 이롭게 하는 일에 매진하고 있습니다.

다행히 암이 조금씩 줄어들고 있는데, 죽을 때에는 죽는 게 좋다는 마음으로 삶의 집착을 버림으로써 스트레스가 줄어든 결과 증상이 좋아진 것일지도 모릅니다.

복엄사의 회원 중에는 85세 넘은 분이 많습니다. 건강하게 오래 사는 분들에게 장수의 비결이 무엇이냐고 물어보면, 대부분 똑같은 말씀을 하십니다.

"병에 걸려도 당황하지 않고 발버둥 치지 말 것."

"병에 걸려도 담담히 조용하게 평소와 똑같이 생활할 것."

암에는 수술 요법과 화학 요법, 방사선 요법, 식사 요법 등 여러 가지 치료법이 있는데, 불교의 관점에서 보면 죽음을 받아들이는 '수용 요법'도 있는 것 같습니다.

아무리 부자라도, 아무리 대단한 사람이라도 생로병사에서는 도망칠 수 없습니다. 그렇다면 남은 인생을 어떻게 살 것인지 생각하는 편이 좋지 않을까요? 생로병사를 받아들일 수 있으면 죽음에 대한 공포나 삶에 대한 집착에서 벗어나 마음이 평온해질 것입니다. 그게 바로 부처님의 가르침입니다.

25

당연한 일을 당연하게 하면
몸도 마음도 건강해진다

건강은 가장 큰 선물이며, 만족은 가장 큰 재산이며,
충실은 최고의 관계입니다.
Health is the greatest gift, contentment is the greatest
wealth, faithfulness is the best relationship.
부처(Buddha)

조동종에는 행사면밀行事綿密이라고 해서 일상생활의 모든 상황
에 걸쳐 면밀한 규정이 있습니다.

조동종의 개조 도겐 선사는 불교 사상서 『정법안장』의 「세면
편」에서 이 닦는 방법을 다음과 같이 설명했습니다.

"이쑤시개를 잘 씹어서 치아 위쪽과 뒤쪽을 연마하듯 닦는다.
잇몸의 위쪽도 깨끗하게 씻는다. 치아 사이도 이쑤시개로 찔러서
씻는다. 그런 다음에 혀를 잘 씻는다."

_____ 부처의 마음

세수하는 방법도 세세하게 정해져 있습니다.

"세수통의 따뜻한 물을 떠서 이마부터 양쪽 눈썹, 두 눈, 콧구멍, 귀 안쪽, 머리와 뺨까지 기름과 때를 문질러 씻는다. 귀 뒤쪽과 눈꺼풀 안쪽도 씻는다. 따뜻한 물을 함부로 쓰거나 통에서 넘치게 해서는 안 된다. 침이나 찬물을 통 안에 넣어서는 안 된다."

또한 『정법안장』의 「세정편」에는 용변 보는 방법까지 정해놓았습니다.

"화장실에는 반드시 수건을 가져간다. 수건을 이중으로 접어서 왼쪽 팔꿈치 위에 대고 옷소매 위에 걸친다. 화장실에 들어가면 장대에 수건을 건다. 거는 방법은 팔꿈치에 건 것처럼 하면 된다. 만약 가사를 입고 있다면 수건과 나란히 건다. 떨어지지 않도록 잘 걸어야 한다. 경솔하게 던져서 걸어선 안 된다."

"화장실에서 용변을 볼 때는 양쪽과 앞뒤를 더럽혀서는 안 된다. 용변을 보는 도중엔 말을 해서는 안 된다."

"엉덩이를 씻을 때는 오른손에 물통을 들고 왼손으로 물을 떠서 먼저 소변을 본 부위를 세 번 씻는다. 그런 다음 대변을 본 부위를 세 번 씻는다. 이 부분의 세정은 규칙대로 하고 항상 청결해야 한다."

　나는 원래 대충 하는 성격이라 조동종 대본산 총지사總持寺에서 수행할 때, 마음속으론 '그렇게까지 세세하게 정하지 않아도 되지 않는가?'라고 반발하기도 했습니다.
　하지만 일상생활에서 일어나는 당연한 일들을 마지못해 규칙에 따라 꼼꼼히 실천했더니, 몸과 마음이 정돈되는 느낌이 들었습니다.

　내가 총지사에서 수행을 시작한 것은 대학을 졸업하자마자였습니다. 총지사에서는 한순간 한순간을 소중히 여기면서 진지하게 수행을 했죠.
　총지사에 들어간 지 열흘 만에 체중이 77킬로그램에서 62킬로그램으로 15킬로그램이나 줄었습니다. 식단이 달라진 원인도 있지만, 그보다 일상생활의 작법을 중시하고 철저히 지켰기 때문이라고 생각합니다.
　수행하러 가기 전에는 일상생활을 별생각 없이, 내가 편한 대로 즐겁게 보냈습니다.

하지만 총지사에서는 이를 닦을 때도, 세수를 할 때도, 화장실에 갈 때도, 식사를 할 때도, 옷을 벗을 때도, 이불을 깔 때도 하나하나의 동작과 순서가 정해져 있었습니다.

일거수일투족을 의식해서 몸을 움직이면 엄청난 에너지가 소비됩니다. 그 결과, 몸이 긴장되고 단단해지는 것입니다.

또한 순서에 따라 시간을 들여서 이를 닦고 세수를 하는 사이, 몸의 더러움뿐만 아니라 마음의 더러움까지 씻겨 내려가는 듯한 느낌이 듭니다.

양치질이나 세수 같은 일상의 사소한 행동에서 나는 커다란 충실감을 맛보았습니다. 작법에 따라 이를 닦는 일은 궁극적으로 자신의 인생을 열심히 살아가는 것이었습니다.

심리학자인 가토 다이조加藤諦三 와세다 대학 명예교수는 이렇게 말했습니다.

"고민에 빠진 사람은 현재 자신의 고민이 지금까지 살아온 삶의 결과임을 이해하지 못한다. 지금까지 오랜 세월에 걸쳐 쌓인 때와 더러움이 고민이라는 형태로 나타났음을 이해하지 못한다. 일상에서 적당히 해온 사소한 행동들이 오랜 세월에 걸쳐 때와 더러움으로 변해서 몸과 마음에 달라붙은 것이다."

교수님의 이 해석은 매우 불교적이며, 나도 전적으로 동의합니다.

옷 입기, 옷 벗기, 세면, 손 씻기, 배설, 식사, 청결이라는 기본적인 생활 습관을 우리는 지금까지 대충 해왔습니다. 이런 행동들이 고민으로 변해서 우리를 괴롭히고 있는 것입니다.

매일 하나하나의 행동을 중요하게 생각합시다. 매일 하는 당연한 일들을 대충 하지 맙시다. 그러면 몸과 마음이 모두 건강해진다는 것이 도겐 선사의 가르침입니다.

26
약에 의존하지 않고
건강을 유지하는 방법

신체를 건강하게 유지하는 것은 의무입니다.
그렇지 않으면 우리의 마음을 강하고 맑게 유지할 수 없습니다.
To keep the body in good health is a duty. Otherwise we
shall not be able to keep our mind strong and clear.
부처(Buddha)

이 세상에서 가장 장수하는 직업은 무엇일까요?

후쿠시마 현립의과대학의 모리이치森ー 교수가 보고한 '1980~
1982년 10종 직업 집단의 평균 사망 연령과 사인에 관한 조사'
에 따르면 가장 장수하는 직업은 승려였습니다. 이 보고서를 보
면 승려는 놀랍게도 나라奈良 시대부터 장수하는 직업이라고 되
어 있습니다.

이것은 30여 년 전의 조사이지만, 현재도 승려 중에는 장수하

는 사람이 많습니다.

　승려는 왜 장수하는 걸까요? 그 이유는 안일하게 약에 의존하지 않고, 본래면목을 따르기 때문이라고 생각합니다.
　모든 인간은 태어나면서 본래의 힘인 본성本性을 가지고 있습니다. 이러한 본래의 모습을 불교에서는 '본래면목'이라고 합니다.
　예를 들면, 벚꽃은 봄이 지나서 꽃이 떨어져도 생명 활동을 계속합니다. 여름이 오면 꽃눈이 생기는데, 이 꽃눈은 가을에는 지고 겨울에는 잠들며 봄의 방문과 함께 커져서 꽃을 피웁니다. 벚꽃이 매년 꽃을 피우는 것은 자연의 힘인 본래면목을 가지고 있기 때문입니다.

　의학적으로 해석하면 본래면목이란 자연 치유력이나 면역력이라고 할 수 있습니다. 그리고 선종에서는 본래면목을 발휘할 때 가장 중요한 것으로 '수면'을 꼽습니다.
　본산에서 수행하면 대부분의 승려는 익숙지 않은 환경에 스트레스를 받고 감기에 걸립니다. 나도 처음엔 감기에 걸렸습니다.
　하지만 이윽고 육체가 튼튼해지면서 감기에 걸리지 않게 됩니다. 눈이 깊숙이 쌓인 지역에서 신발도 신지 않은 채 탁발하러 다녀도 몸의 컨디션이 무너지는 일은 없습니다.

승려가 점점 건강해지는 이유는 해가 뜨면 일어나고 해가 지면 자는 사이클에 의해 본래면목이 발휘되면서, 자연 치유력과 면역력이 올라가기 때문입니다.

도쿄 의과대학에서는 "젊은이들은 특히 밤에 인터넷이나 스마트폰 사용을 삼가고 수면 상태를 개선하면 피로 해소에 좋은 영향을 줄 수 있다"라는 연구 결과를 발표했는데, 승려들은 옛날부터 경험을 통해 알고 있었습니다.

"양질의 수면은 자연 치유력과 면역력을 높인다."

"제대로 잠을 자면 몸과 마음이 건강해진다."

그래서 일찍 자고 일찍 일어났습니다. 즉, 규칙적인 수면이 승려가 건강한 첫 번째 이유인 것입니다.

재수 중인 수험생 M군으로부터 상담 신청을 받은 적이 있습니다.

"공부에 집중할 수 없습니다. 가끔 '왜 공부를 해야 하는가?'라는 생각이 들고 '대학에 갈 필요는 없지 않을까' 하는 의문이 들 때도 있어서 의욕이 나지 않습니다. 어떻게 하면 집중력을 높일 수 있을까요?"

그에 대한 내 대답은 단순 명쾌합니다.

"공부하지 말고 주무십시오."

영국의 신경과학자 에이드리언 오언 교수가 "수면이 부족하면 의사 결정이나 문제 해결, 기억에서 매우 중요한 전두엽과 두정엽 활동이 눈에 띄게 줄어든다"라고 말한 것처럼 불규칙한 수면은 집중력 저하의 원인입니다. 즉, 수면 부족은 생각하거나 기억하는 인지 기능의 저하를 초래하고 집중을 방해합니다.

따라서 정신이 집중되지 않을 때에는 모든 걸 제쳐두고 일찍 자고, 아침에 천천히 일어나는 것이 가장 좋은 방법입니다.

그 이후 M군은 밤 10시면 자리에 누워 저절로 눈이 뜨일 때까지 잤는데, 사흘째에 의욕이 돌아왔다고 합니다.

그리고 수면 부족이 해소되자 '왜 공부를 해야 하는가?' '왜 대학에 가야 하는가?'를 냉정히 생각할 수 있게 되어 공부에 대한 의욕을 되찾을 수 있었습니다.

피곤해도 자고 공부하기 싫어도 자고 정신이 집중되지 않아도 잔 결과, 한 달 후에는 성적이 올라가서 자신이 원하는 학교에 멋

_____ 부처의 마음

지게 합격할 수 있었습니다.

　과식증과 우울증으로 고민하는 주부로부터 다음과 같은 상담 신청을 받은 적도 있습니다.

　"마음이 우울할 때에는 아이를 죽이고 저도 죽고 싶을 때가 있어요. 집안일도 하고 싶지 않고, 최근에는 한밤중까지 방에 틀어박혀 TV를 보거나 인터넷으로 여기저기 돌아다니기만 합니다. 어머니다운 일도, 아내다운 일도, 아무것도 하지 않습니다. 이런 사람이 살아갈 가치가 있을까요?"

　내 대답은 M군에게 한 것과 똑같았습니다.

　"일찍 주무십시오. 밤에 졸리면 자고 아침에 눈을 뜨면 일어나는 당연한 사이클을 되찾으세요. 그리고 청소든 식사 준비든 조금씩이라도 좋으니까, 할 수 있는 범위에서 도전해보십시오."

　한 달 뒤 그녀로부터 메일을 받았는데, 이렇게 쓰여 있었습니다.

　"스님께 조언을 받은 뒤, 밤을 새우지 않고 일찍 잤습니다. 그러자 조금씩이지만 마음이 긍정적으로 변했습니다. 과식증은 아직 낫지 않았지만, 지금은 남편과 아이를 위해 식사 준비를 하고 빨래를 하고 청소를 하고 있습니다. 두 사람 다 좋아합니다. 두 사람의 웃는 얼굴을 더 많이 보고 싶습니다. 그래서 좋은 엄마와 좋은 아내가 될 수 있도록 노력하려고 합니다. 감사합니다."

의학의 진보와 함께 우리는 약과 치료, 수술에 지나치게 의존하고 있는 것 아닐까요? 마음의 건강과 육체의 건강은 본래 자기 힘으로 유지해야 한다고 생각합니다. 그러기 위해서는 규칙적인 수면 습관을 가져야 합니다.

자기 직전에는 뇌에 강한 자극을 주지 마시기 바랍니다. 사우나, 식사, 음주, 스마트폰, 게임, 일 같은 것은 피하고 마음을 편하게 갖는 것이 좋습니다. 양질의 수면이야말로 인간의 본성에 가장 적합한 건강법이니까요.

27

식사는 공복을 채우는 게 아니라
건강한 생명을 유지하는 원천이다

나 자신을 구할 수 있는 것은 나뿐입니다.
누구도 나를 구해줄 수 없고, 구해주려 하지 않을 것입니다.
스스로 내 삶의 길을 걸어가야 합니다.
No one saves us but ourselves. No one can and no one may.
We ourselves must walk the path.
부처(Buddha)

선종에서는 식사를 하기 전에 오관게五觀偈를 읊조립니다.

'오관'이란 승려가 식사할 때 명심해야 할 다섯 가지 관념이고,
'게'란 부처님의 가르침을 시구 형식으로 말하는 것입니다.

이 지구상의 모든 것에는 생명이 있습니다. 따라서 감사의 마
음을 가지고 그 생명을 받는 걸 의식하면서 식사를 합니다.

오관게

① 이 음식이 어디에서 왔는지를 생각하며 자연의 은혜와 사람들의 노고에 감사합니다.

② 존귀한 생명과 노력으로 만들어진 이 식사를 받을 만한 가치가 있는지 반성합니다.

③ 마음을 깨끗하고 올바르게 가지며, 온갖 욕심을 버립니다.

④ 음식은 좋은 약이고 몸을 건강하게 만들기 위해서 먹습니다.

⑤ 지금 이 음식을 먹는 것은 진리를 실천하기 위해서입니다.

나는 대학 시절에 맛있는 음식을 배불리 먹는 것으로 시간을 보냈습니다. 그런데 본산에서 수행을 시작한 이후, 식사는 삶의 근본임을 배우고 음식과 생명의 관계를 깨달았습니다.

식사를 소중히 하지 않으면 우리의 신체는 마른 나뭇가지처럼 쇠약해집니다. 나는 어린 시절부터 알레르기 천식과 건조한 피부에 시달렸는데, 사찰 요리를 먹고 나서는 증상이 많이 좋아졌습니다. 오관게에 있는 것처럼 음식은 가장 좋은 약인 것입니다.

나의 스승은 1976년 3월에 학교법인 복엄사학원을 설립하고, 같은 해 4월에 태양유치원의 문을 열었습니다. 그때 음식으로 아이들을 키우는 식육食育에도 착수했는데, 최근에는 아이들 식사에 신경을 쓰지 않는 부모가 많아졌다는 느낌이 듭니다.

식재료와 영양 균형에는 관심이 없고, 식품 첨가물이 들어가거나 인공적으로 만든 식품이라도 신경을 쓰지 않는 것입니다. 음식을 식탁에 늘어놓는다고 해서 생명을 유지할 수는 없습니다. 요즘 아이들의 몸과 마음이 흐트러진 것은 음식 때문이라고 생각합니다.

그렇다면 불교식 식생활의 장점을 이어가는 것이 건강한 식사를 할 수 있는 방법 아닐까요?

불교식 식생활의 특징은 여섯 가지입니다.

① 된장, 매실장아찌, 단무지 같은 발효 식품을 먹는다(발효균은 장내에서 우리 몸에 좋지 않은 유해균과 싸우는 중요한 역할을 한다).

② 밀가루를 피한다(밀가루에는 글루텐이 들어 있는데, 글루텐에는 장내의 유해균을 늘리는 작용이 있으며 소화 불량이나 영양의 흡수 저해, 변비, 설사, 부종을 일으키는 원인이다).

③ 균형적인 식사를 한다(고기, 생선, 채소를 편식하지 말고 균형 있게 먹는다).

④ 짜게 먹지 않는다(짠 음식에는 소금과 설탕을 많이 사용했을 가능성이 있다).

⑤ 배고프기 전에 먹는다(배고프면 과식을 하게 된다. 약간 배가 고플 때 식사를 하면 위가 60퍼센트만 채워져도 만족감을 얻을 수 있다).

⑥ 시간을 들여서 천천히 먹는다(오관게에 있듯이 감사하는 마음으로 식사를 한다).

승려의 장수 비결은 수면만이 아닙니다. 식사도 생명을 유지하는 중요한 조건입니다. 식사는 고픈 배를 채우는 것이 아니라 건강한 생명을 키우는 근원인 만큼, 메뉴에 신경을 씀과 동시에 과음이나 과식을 경계하는 것이 건강의 지름길입니다.

28

사명감을 가지고 하루하루 살아가는 것이 건강과 장수의 비결이다

몸과 마음 모두 건강해지는 비결은 과거를 슬퍼하거나 미래를 걱정하는 게 아니라 현재를 현명하고 성실하게 살아가는 겁니다.
The secret of health for both mind and body is not to mourn for the past, nor to worry about the future, but to live the present moment wisely and earnestly.
부처(Buddha)

일본인의 평균 수명은 해마다 늘어나서 현재 100세를 넘은 고령자가 7만 명 이상이라고 합니다.

녹즙으로 유명한 기업 큐사이의 조사에 따르면, 건강하게 100세를 맞이한 사람의 약 70퍼센트가 매일 다리와 허리를 사용하는 운동과 가벼운 일을 하고 있고, 약 50퍼센트가 가정과 시설에서 어떤 역할이나 일, 루틴(마당 청소, 풀 뽑기, 밭일 등)을 가지고 있다고 합니다.

2013년에 만 116세로 세상을 떠난 한 남성은 90세까지 밭일을 했다고 합니다.

불교에서는 지역이나 가정 안에서 자신의 역할을 가지는 것이 건강 장수의 비결이라고 가르칩니다.

도겐 선사가 중국 송나라 시대에 천동산天童山 경덕사景德寺에서 수행할 때의 일입니다.

어느 더운 날, 나이 많은 전좌典座* 승려가 마당에서 버섯을 말리고 있었습니다. 노승의 등은 활처럼 구부러지고 눈썹은 학처럼 새하얬습니다. 머리에는 밀짚모자도 쓰지 않고, 이마에서는 구슬땀이 떨어지고 있었죠. 도겐이 노승에게 나이를 묻자 예순여덟이라는 대답이 돌아왔습니다. 당시의 68세는 지금으로 말하면 100세가 넘을지도 모릅니다.

너무나 힘들게 보여서 도겐은 이렇게 말했습니다.

"이런 일은 직접 하시지 말고, 젊은 사람에게 시키는 게 어떨까요?"

그러자 노승이 대답했습니다.

---

* 선종의 선원에서 식사와 침구, 이부자리 등을 담당하는 사람.

"다른 사람은 내가 아니라네."

그 말은 "다른 사람이 한 일은 내가 한 일이 아니다" "나에게 맡긴 일을 다른 사람에게 시키면 내 수행이 되지 않는다"는 뜻입니다.

도겐은 다시 위로의 말을 했습니다.

"아무리 그래도 지금은 너무 더우니까, 해가 저물어 시원해진 다음에 하시면 어떻겠습니까?"

그러자 노승은 다시 대답했습니다.

"언제 때를 기다리겠나?"

"지금 하지 않으면 언제 하겠나?" "지금 해야만 의미가 있다"는 뜻입니다.

"다른 사람은 내가 아니라네. 언제 때를 기다리겠나?"라는 노승의 말은 선禪의 정신이 무엇인지를 단적으로 보여줍니다. 그와 동시에 사명감을 가지고 하루하루를 살아가는 것이 건강하게 수명을 연장시키는 가장 중요한 방법임을 가르쳐주고 있습니다.

내가 인도에서 만난 90세 노인도 사명감을 갖고 있었습니다. 그 노인은 거칠고 울퉁불퉁한 도로에 바퀴 자국이 생길 때마다 말없이 구멍을 메워서 그 자국을 없앴습니다.

"길을 평평하게 하는 게 어르신의 일입니까?"

내가 그렇게 묻자 노인은 웃으면서 "그렇지 않다네" 하고 대답했습니다.

"바퀴 자국을 그대로 놔두면 트럭이 달리다가 넘어질지도 모르잖나? 그래서 내버려둘 수 없다네. 돈을 받고 하는 일은 아니지만, 이건 나밖에 할 수 없는 중요한 사명이지."

사명使命이란 한자는 생명命을 사용使한다는 뜻입니다. 자신이 할 수 있는 일, 자신이 해야 할 일을 발견해서, 그것을 위해 생명을 사용하는 것이 장수의 비결 아닐까요?

29

승려가 장수하는 직업인
다섯 가지 이유

....

당신이 진정으로 자신을 사랑한다면,
결코 다른 사람에게 상처를 줄 수 없습니다
If you truly loved yourself, you could never hurt another.
부처(Buddha)

....

고승이라고 불리는 사람들 중에는 장수한 분이 많습니다.

호넨法然 대사는 80세, 신란親鸞 대사는 89세, 에이사이榮西 선사
는 74세, 잇큐一休 선사는 88세.

40세만 되어도 고령자라고 하던 시대에 굉장히 장수한 분들입
니다.

앞에서 말한 모리이치 교수에 따르면 승려가 장수하는 이유는

식사와 명상 때문이라고 합니다.

- 식사 : 과식하지 않고 섭생에 신경 쓴다.
- 명상 : 명상을 통해 정신적인 여유를 갖는다.

이 두 가지 이유에는 나도 찬성입니다.

선사에서는 식사도 수행의 하나이므로, 과음과 과식하는 일은 없습니다. 저칼로리, 저지방의 사찰 요리를 매일 정해진 시간에 먹습니다. 또한 선사에서 죽을 먹는 것은 도겐 선사가 죽유십리粥有十利(죽에는 열 가지 좋은 점이 있다)라고 생각했기 때문입니다.

평소에 명상을 하면 심신을 편안하게 만들 수 있습니다.

승려도 인간이니 때로는 고민하고 괴로워하거나 마음에 파도가 치거나 감정을 주체하지 못하는 일이 있습니다.

그래도 승려의 얼굴에 그런 감정이 나타나지 않는 것은 분노와 슬픔, 근심, 초조함 같은 감정을 참선과 명상, 독경으로 진정시켜서 질질 끌지 않기 때문입니다.

나는 식사와 명상 이외에 장수의 비결이 세 가지 더 있다고 생각합니다. 바로 수면과 호흡, 운동입니다.

_____ 부처의 마음

나는 매일 밤 꿈도 꾸지 않고 푹 잡니다. 한밤중에 몇 번이나 깨는 일도 없고, 잠을 설치는 일도 없습니다. 수면의 질이 좋은 것은 일찍 자기 때문입니다. 선사의 승려는 밤 10시에는 잠자리에 들고, 해가 뜨기 전인 오전 4~5시에 일어납니다.

나는 예전에 정체사整體師* 로 수면 지도도 했는데, 환자에게 수면의 질을 바꾸고 싶다면 일찍 일어나기보다 일찍 자는 것에 신경을 쓰라고 말했습니다.

선사의 승려를 흉내 내서 사흘이라도 좋으니 밤 10시 이전에 자면(아침에는 저절로 눈이 떠져 일어난다), 그것만으로 몸의 신진대사와 머리 회전이 몰라보게 빨라집니다.

다음에는 호흡인데, 장수는 장식長息에서 시작됩니다.

승려는 참선을 할 때도, 독경을 할 때도 숨을 길게 내뱉습니다. 깊고 느긋한 호흡은 부교감 신경의 작용을 높여서 몸과 마음이 편안해지는 효과가 있습니다.

---

* 관절이나 골격을 바로 잡아주는 사람으로, 한국의 안마사나 물리치료사와 비슷하다.

마지막은 운동입니다.

선사에서는 생활 속에서 몸을 많이 움직입니다.

예를 들면 청소입니다. 내가 수행했던 조동종 대본산 총지사는 복도를 전부 이으면 8킬로미터나 되는데, 그것을 매일 걸레로 닦습니다.

본당은 다다미가 1,008장이나 깔렸을 만큼 굉장히 넓습니다. 그곳에서는 청소기를 사용할 수 없으므로, 청소는 항상 전신 운동입니다.

지금까지 설명했듯이 승려가 장수하는 이유는 식사와 명상, 수면, 호흡, 운동의 다섯 가지 요소가 생활 속에 자연히 녹아들어 있기 때문입니다.

하지만 승려를 장수의 길로 이끄는 데에는 그보다 더 중요한 것이 있습니다. 바로 다음과 같은 부처님의 가르침입니다.

"자신의 마음에 상처를 입혀서는 안 된다. 자신을 소중히 생각해야 한다."

불교는 수천 년이라는 역사 속에서 스스로 상처를 입히지 말라고 가르쳐왔습니다.

물론 목적은 오래 사는 것이 아닙니다. 나에게도 남에게도 상처를 입히지 않으려면 어떻게 사는 게 좋은지 실천한 결과, 장수하게 된 것입니다.

부처님이 남에게 상처를 입히지 말라고 한 이유는 남에 대한 험담과 비난이 언젠가 자신에게 돌아오기 때문입니다.

남에게 상처를 입히지 않으면 자신이 상처 입는 일도 없습니다. 자신이 상처 입지 않으면 남에게 상처 입히는 일도 없습니다. 이 다섯 가지를 실천하는 일은 건강은 물론이고, 자신도 남도 행복하게 살 수 있는 길인 것이지요.

자신을 소중히 하고 남도 소중히 하기 위해서, 여러분도 선사의 생활 방식을 받아들이면 어떨까요?

4장

사랑은 마음과 마음을
연결하는 다리입니다

30

나조차 내 것이 아닌데
자식이 어떻게 내 것이랴

모든 잘못은 마음 때문에 생깁니다.
마음이 변하면 잘못된 행동이 남을 수 있을까요?
All wrong-doing arises because of mind. If mind is
transformed can wrong-doing remain?
부처(Buddha)

괴로움이 생기는 원인 중 하나는 무엇인가에 집착하는 것입니다. 집착은 이랬으면 좋겠다는 마음을 가리킵니다. 그런데 부처님은 "우리 세계는 온통 내 생각대로 되지 않는 것뿐이다"라는 진리를 말씀하셨습니다.

초등학교 저학년의 지적 장애아를 둔 어머니 T 씨로부터 상담 신청을 받은 적이 있습니다. 어머니는 아이의 장래를 비관해 "내가 잘못해서 이런 아이를 낳았어. 너무 미안해"라고 스스로를 책망하고, "나는 왜 비장애아의 엄마가 아닐까?" 하며 괴로워했습니다. T 씨를 괴롭히는 것은 '이런 아이로 키우고 싶었다' '이런 엄마가 되고 싶었다'라는 집착입니다.

부처님은 "애초에 아이는 부모의 생각대로 되지 않는 법이니 '이런 아이였으면 좋겠다'고 기대하는 것이 잘못이다"라고 지적하십니다. 하지만 T 씨는 출산 전에 꿈꾸었던 이상과 현실의 괴리를 받아들이지 못했습니다.

내 친구 중에 지적 장애아인 아들을 둔 남성이 있습니다. 나는 그 친구에게 "이번 여름 방학에 아들을 절에 맡겨주게"라고 말했습니다. 복엄사에 있는 유치원에서 원아들과 함께 놀게 해주고 싶었기 때문입니다.

친구는 처음에 걱정스러운 표정을 지었습니다.

"장애아를 돌보는 건 쉽지 않아. 그 애는 어른들 생각대로 되지 않거든. 더구나 우리 아이는 집을 떠난 적이 한 번도 없어서……."

나는 그래도 괜찮다면서 한 달 동안 A군과 같이 지냈습니다.

친구의 마음속에는 '지적 장애아를 다른 사람에게 맡겨서는 안 된다'는 집착이 있었습니다. 하지만 한 달 후에 건강하게 돌아

부처의 마음

온 아들을 보고는 마음이 가벼워졌다고 합니다. '이 애를 다른 사람한테 맡겨도 되는구나' '이 애를 받아주는 사람이 있구나!'라는 사실을 깨달은 것입니다.

'지적 장애아는 부모가 지켜야 한다' '지적 장애아는 부모가 없으면 살아갈 수 없다'는 생각은 그의 착각에 지나지 않았습니다.

나는 앞에서 말한 T 씨에게 '내 친구와 A군' 이야기를 해주면서 이렇게 덧붙였습니다.

"아이가 아무것도 할 수 없다고 결정하지 마세요. 그냥 보통 아이들처럼 대해주세요. 그리고 모든 걸 혼자 짊어지지 마세요. 주변 사람을 믿고, 가끔은 아이를 누군가에게 맡겨보시면 어떨까요?"

『법구경』에는 다음과 같은 시구가 있습니다.

나에겐 자식이 있다,
나에겐 재력이 있다고 생각하며
어리석은 자는 고민한다.
하지만 나는 이미 내 것이 아니다.
하물며 어떻게 자식이 내 것이고

어떻게 재물이 내 것이겠는가.

세상의 모든 것은 끊임없이 변하며, 똑같은 상태로 있는 것은 하나도 없습니다. 그것이 불교에서 말하는 제행무상諸行無常입니다.

자신도, 재물도, 아이도, 모든 것이 똑같지 않은 존재이며 끊임없이 변하고 있습니다. 그런데 우리는 자신을 둘러싼 환경이 변하지 않았으면 좋겠다, 이대로 있었으면 좋겠다고 생각하며 집착합니다. 부처님은 생각대로 되지 않는 것에 집착하는 걸 모든 고민의 근원으로 생각했습니다.

내 아이는 이렇게 키워야 한다, 나는 이런 엄마가 되어야 한다는 고민을 어깨에서 내려놓기 바랍니다. 집착을 하나씩 버리면 어느 순간 괴로움이 떨어져나갈 테니까요.

부처의 마음

31

부모가 마음을 열지 않으면
자식도 마음을 열지 않는다

모든 경험은 마음이 선행하며, 마음을 주인으로 삼고,
마음에 의해 창조됩니다.

All experiences are preceded by mind, having mind as their
master, created by mind.

부처(Buddha)

"제 아들이 부모 말을 듣지 않아요. 스님께서 일갈해주세요."

"제 자식은 부모에게 기대기만 하고 자립하지 않아요. 스님께서 따끔하게 혼내주세요."

가끔 이렇게 말씀하시는 분이 있습니다.

갈喝이란 선승의 질책을 말합니다. 자식에게 일갈하는 것은 상관없지만, 앞뒤 이야기를 잘 들어보면 일갈을 들어야 할 사람은 자식이 아니라 부모 쪽인 경우가 더러 있습니다.

기후현에서 병원을 운영하고 있는 한 의사로부터 부탁을 받은 적이 있습니다.

"4수 중인 아들이 말을 듣지 않습니다. 생활 태도를 고치라고 설교해주십시오."

아들을 의대에 보내기 위해 도쿄에다 집을 얻어 입시 학원에 넣었는데, 공부도 하지 않고 놀기만 한다는 것입니다.

"공부할 마음이 없다면 당장 때려치우고 내려오거라."

아버지의 말에 아들은 이런 식으로 반발했다고 합니다.

"기후로 돌아오라든지 생활비를 끊겠다든지, 그렇게 말하는 건 저를 사랑하지 않기 때문이에요! 입시 학원에는 7수, 8수를 하는 선배도 있어요. 아직 4수밖에 되지 않았는데, 그걸 가지고 왜 잔소리를 하는 거예요? 아버지를 보니까 의사는 돈을 많이 버는 직업이더군요. 그래서 나 역시 몇 년이 걸려서라도 의사가 돼서 돈을 많이 벌고 싶어요."

아버지와 아들을 절로 초대해서 이야기를 듣는 가운데, 아들이 아버지 말을 듣지 않는 것은 아버지가 아들에게 너무 신경을 쓰고 있기 때문이라는 생각이 들었습니다. 아버지는 아들이 불편하지 않도록 살게 해주는 것이 부모의 역할이라고 생각하는 것 같았습니다.

선어 중에 노당당露堂堂이란 말이 있습니다. 노露는 나타난다, 당당堂堂은 숨기는 게 아무것도 없는 상태를 말합니다. 곧 노당당이란 아무것도 숨기지 않고 드러나 있는 걸 뜻합니다.

자식이 부모의 말을 듣지 않는 이유는, 부모가 자식에게 지나치게 신경을 쓰거나 자식을 어려워하거나 말을 대충 얼버무리거나 해서 자기 본심을 털어놓지 않기 때문 아닐까요?

부모가 마음을 열지 않고 뭔가를 숨기고 있다면 자식에게 그마음이 전해질 수 없습니다.

그래서 나는 아버지에게 이렇게 말했습니다.

"아드님과 정면으로 대결하세요. 아드님과 진심으로 승부하세요. 자녀 교육에서 도망치지 마세요."

그로부터 2년쯤 지나 아버지에게서 편지가 도착했습니다.

"스님께 노당당이라는 말을 듣고 눈이 번쩍 뜨였습니다. 아들이 제 말을 듣지 않았던 것은 제 책임이 큽니다. 그동안 아들과 제대로 대화한 적이 없으니까요.

그 이후 기회만 있으면 아들과 대화를 했습니다. 때로는 싸우는 일도 있었습니다만, 제가 달라진 것처럼 아들도 조금씩 달라지기 시작했습니다. 지금 아들은 무사히 의대에 합격해 열심히 공부하고 있습니다. 제 자녀 교육은 아직 끝나지 않았습니다. 각오와 결의를 가지고, 앞으로는 대충 얼버무리지 않고 진심으로 아들을 대할 것입니다. 감사합니다."

"진심으로 야단치고 진심으로 안아주고 진심으로 믿는다."

자신을 진지하게 대하는 부모의 모습은 반드시 자식에게 전해지는 법입니다.

32

자식이
이 세상에서 제일 좋아하는 곳

당신이 하려는 말이 침묵하는 것보다 더 아름다울 때만 입을 여세요.
Open your mouth only if what you are going to say is more
beautiful than silence.
부처(Buddha)

자식이 이 세상에서 제일 좋아하는 곳은 어디일까요? 그곳은
부모의 사랑이 가득한 공간입니다.

불교에서는 자식에 대한 부모의 사랑에는 두 가지가 있다고
가르칩니다. 바로 자애慈愛와 비애悲愛입니다.

자애는 자식의 행복을 바라는 마음으로, "네가 어떤 때라도 아
빠, 엄마는 너를 지켜보고 사랑한단다"라는 무조건적인 사랑을

뜻합니다.

비애는 자식의 슬픔과 괴로움을 자기 일처럼 느끼는 것으로, 슬픔과 괴로움이 없어지도록 자식에게 힘이 되어주려는 마음입니다.

자애와 비애가 가득한 곳이야말로 자식이 세상에서 제일 좋아하는 곳일 수밖에 없지요.

나는 현재 학교법인 운영에 관여하고 있고, 아이들의 교육에도 관심이 많습니다.

어느 날, 지역의 어린이 회관에서 초등학생인 A군을 만났습니다.

그날은 토요일이었는데, A군은 학교 수업이 끝나고 어린이 회관에 놀러 와 있었습니다.

"점심 먹었니? 일단 집에 가서 밥을 먹고 오는 게 어때?"

내가 그렇게 말하자 A군은 아무렇지도 않게 대답했습니다.

"배가 고프면 편의점에서 사먹을게요. 한 달에 용돈을 1만 엔씩 받아서 괜찮아요."

A군의 어머니는 '친구들과 점심을 먹거나 쇼핑을 하느라 바쁘다' '집안일이 귀찮다' '내 시간이 필요하다'는 이유로 자식과 지내는 시간이 많지 않았습니다. 즉, A군의 가정에는 자애와 비애

가 부족했습니다. 그런 까닭에 A군은 갈 곳을 잃어버리고 집에 가기를 싫어했던 것입니다.

A군의 어머니는 '아들은 친구도 많고, 매달 용돈을 1만 엔이나 주니까 걱정할 필요가 없다'고 생각했습니다.

분명히 A군은 친구들에게 인기가 많았습니다. 하지만 그 인기는 A군에게 향한 게 아니라 A군의 돈을 향한 것이었습니다. A군과 친구들을 이어주는 건 돈이었던 것입니다.

A군 주변에 사람이 모인 이유는 A군이 친구들에게 과자나 주스를 사주고, 게임방에서 즐길 돈을 내주었기 때문입니다. 그런데 자식을 겉으로만 보고 있던 엄마는 그런 사실을 몰랐죠.

나중에 A군의 어머니를 만났을 때, 나는 이렇게 말했습니다.

"아이한테 더 신경 써주세요. A군은 아마 많이 외로울 겁니다. 어머니가 자식에게 주어야 할 것은 돈이 아니라 마음이니까요."

그 이후 A군은 편의점에서 배를 채우는 일이 없어졌습니다. 게임방에 가는 일도 없어졌고요. 어머니가 마음을 줌으로써 A군이 세상에서 제일 좋아하는 곳은 집이 되었기 때문이지요.

자식이 이 세상에서 제일 좋아하는 곳은 테마파크도 동물원도 영화관도 게임방도 아닙니다. 부모의 자애와 비애로 가득한 공간입니다.

아이들의 요구를 무엇이든 들어주는 것이 부모의 사랑이라곤
할 수 없습니다. 필요한 만큼 돈을 주는 것이 부모의 임무도 아닙
니다.

부모의 가장 중요한 역할은 자애와 비애를 가지고 자식을 따
뜻하게 품어주는 것입니다.

33

현세에서 자신의 행동이
자손의 흥망성쇠를 정한다

당신이 집착하는 만큼 당신은 잃게 됩니다.
You only lose what you cling to.
부처(Buddha)

이혼한 부모의 자식은 이혼하기 쉽다는 말이 있습니다.

버지니아 주립대학 심리학부의 제시카 살바토레 박사는 유전학자인 케네스 캔들러 박사와 스웨덴 룬드 대학의 사라 라슨 론 박사의 협조를 얻어서, 스웨덴 정부가 보유한 국민의 결혼과 이혼 기록을 전부 분석했습니다. 그 결과 양친이 이혼한 자녀는 자신의 이혼율도 높다는 걸 확인했다고 합니다.

이혼한 부모의 자녀가 쉽게 이혼하는 이유는 불교의 가르침으로도 설명할 수 있습니다.

불교에는 삼시업三時業이라는 말이 있는데, 업業은 인간의 행위를 말합니다. 업에는 신업(신체로 행하는 것), 구업(입으로 말하는 것), 의업(마음으로 느끼거나 생각하는 것)이 있는데, 불교에서는 "자신이 행한 선악의 결과는 자신에게 돌아온다(자업자득)"고 말합니다. 좋은 행위를 하면 좋은 결과가 돌아오고, 나쁜 행위를 하면 나쁜 결과가 돌아오는 것입니다.

'삼시三時'는 그 결과나 보답을 받는 시기를 세 가지로 나눈 것입니다.

- 순현보수順現報受 : 현세에서 즉시 결과가 돌아온다.
- 순차생수順次生受 : 내세에 결과가 돌아온다.
- 순후차수順後次受 : 제3세(다다음 생) 이후의 내세에서 결과가 돌아온다.

요컨대 삼시업이란 자기 행위의 결과는 반드시 자기에게 돌아오는데, 현세의 결과는 반드시 현세에서 받는 것이 아니라 내세 이후에 받는 일도 있다는 가르침입니다. 그런데 나는 자기 행

_____ 부처의 마음

위의 결과는 자신에게 돌아올 뿐만 아니라 가문에도 돌아온다고 생각합니다.

일본가계연구회의 초대 회장이자 『신新 가계家系의 과학』의 저자 요나미네 마사카쓰與那嶺正勝 씨는 2만 건 이상의 가문을 조사한 결과, "가계 중에서 이혼이 발생하면 자손에게도 악영향이 미친다. 부부 사이가 좋으면 가계는 발전하고, 이혼이나 불륜 문제가 나오면 가계는 몰락한다"고 말합니다.

나도 지금까지 부모가 이혼하면 자식도 이혼하고, 부모가 불륜을 저지르면 자식도 불륜을 저지르며, 부모가 알코올 중독이면 자식도 알코올 중독이 되는 바람직하지 않은 세대 간 연결 고리를 많이 보았습니다. 자신이 저지른 행위로 인해 그 자손이 궁지에 몰린 채 몰락과 쇠퇴를 겪게 되는 것입니다.

현세를 사는 우리는 자신의 행위에 대해 가문에 책임을 느끼는 일은 없지만, 삼시에 걸쳐 인과응보를 받는다는 사실을 알면 자손을 위해서도 현세에서 성실하게 살아가려고 노력하지 않을까요?

우리 인생은 우리만의 것이 아닙니다. 조상과 자손을 연결하고, 생명을 이어가는 것이 우리의 사명입니다.

우리의 행위가 자손의 흥망성쇠를 정하는 것입니다.

34

대대로 크게
번성하는 집안의 두 가지 공통점

마음은 물과 같습니다. 격동적이면 보기 어렵습니다.
차분하면 모든 것이 명확해집니다.
The mind is like water. When it's turbulent, it's difficult to
see. When it's calm, everything becomes clear.
부처(Buddha)

나는 다섯 살 때 절에서 하는 장례식과 제사에 참석한 이후, 약
40년간 수많은 집안과 관계를 맺어왔습니다. 그리고 1만 가구 넘
는 가족을 보는 사이에 깨달은 것이 있습니다.

대대로 번성하는 집안에는 두 가지 공통점이 있습니다. 그 집
안만의 독특한 관습이 내려오고 있다는 점, 무덤 참배와 조상 공
양을 정성껏 한다는 점입니다.

『육방예경』은 부모의 도리와 자식의 도리를 다음과 같이 말합니다.

부모의 다섯 가지 도리

① 자식을 사악함으로부터 멀리 떼어놓는다.

② 선善으로 들어가게 한다.

③ 기술을 배우게 한다.

④ 어울리는 아내와 맺어준다.

⑤ 적당한 때에 유산을 물려준다.

자식의 다섯 가지 도리

① 자신을 키워준 부모를 봉양한다.

② 부모에 대한 의무를 다한다.

③ 집안의 관습과 전통을 이어간다.

④ 유산을 잘 지킨다.

⑤ 부모가 돌아가시면 제대로 공양한다.

계속 번영하는 집안은 부모의 역할과 자식의 임무를 잘 알고 실천합니다. 특히 부모의 도리에서 '자식을 사악함으로부터 멀리 떼어놓는다'와 '선으로 들어가게 한다', 자식의 도리에서 '집안의 관습과 전통을 이어간다'와 '부모가 돌아가시면 제대로 공양한다'를 중요하게 여기는 것이 특징입니다.

부모는 자식한테 "남에게 폐를 끼치지 말라" "자신이 당하기 싫은 일은 남에게 하지 말라" "남한테는 다정하고 자신에게는 엄격하게 대하라" "어떤 일도 상대의 처지에서 생각하라" 등 인간으로서 지켜야 할 도리를 확실히 전하고 이끌어줘야 합니다. 그리고 자식은 부모로부터 이어받은 가르침과 관습, 전통을 확실히 지켜야 합니다.

이런 선악의 가르침은 자식의 마음에 뿌리를 내려 삶의 목표가 되고, 자식을 양육하는 부모의 지표가 될 것입니다. 부모와 자식이 삶의 목표를 공유하면 가족의 유대감은 더욱 강해질 수밖에 없겠지요. 가족의 강한 유대감이야말로 무슨 일이 있어도 흔들리지 않는 번영의 원천이 되지 않을까요?

또한 대대로 번성하는 집안은 조상 공양을 소중히 생각합니다.

아무리 열심히 일해도 돈이 모이지 않고 가족이 병에 걸리거나, 가족과 친척 사이가 나쁘거나, 뿔뿔이 흩어지는 집안은 조상 공양을 소중히 생각하지 않습니다.

조상 공양을 소홀히 하는 집안은 본인이 일시적으로 경제적 성공을 거두었더라도, 그 자식이나 손자 대에는 반드시 힘든 상황에 처하고 맙니다.

요나미네 마사카쓰 씨의 『신 가계의 과학』에 따르면, 에도 시대까지는 몇 번의 대기근에 휘말려 모든 집안이 내일 살지 죽을지 모르는 빈사 상태에 처한 일이 있었다고 합니다.

기근에 허덕일 때, 어느 집안에서도 죽는 순서는 비슷하다고 합니다. 처음에 며느리, 다음에 할아버지와 할머니, 그다음에 남편이 죽고, 마지막에 남는 것이 자녀들입니다.

며느리는 자식들에게 먹을 것을 주고, 그 결과 맨 먼저 굶어죽습니다. 다음에는 체력이 약한 할아버지와 할머니가 세상을 떠납니다.

집안의 일꾼인 남편은 최후의 순간까지 살아서 자식들에게 먹을 걸 챙겨주고, 마침내 힘이 빠져서 죽습니다. 어른들의 헌신에 의해 가까스로 아이들만 살아남는 것이죠.

조상님이 스스로를 희생해 생명을 이어준 결과 지금 우리가

_____ 부처의 마음

존재하는 것이고, 조상님이 고생한 끝에 지금 우리가 이렇게 살아 숨 쉬고 있는 것입니다.

번성하는 집안은 그런 사실을 잘 알고 있어서, 조상 공양을 소홀히 하지 않습니다.

조상님의 은혜를 가슴에 품고 감사하는 마음을 가진 집안이 번성하지 않을 리 없다고 나는 생각합니다.

35

향을 올리는 일은 고인을 그리워함과 동시에 자신의 마음을 키우는 것이다

반드시 깨어 있어야만 하는 유일한 시간이 있습니다.
그 시간은 바로 지금입니다.
There is only one time when it is essential to awaken. That
time is now.
부처(Buddha)

불교에는 삼구족三具足이 있습니다. 삼구족이란 불교 의식에서 부처님 앞을 장식하는 기본적인 용품으로, 꽃(꽃병)과 초(촛대) 그리고 향(향로)을 말합니다.

꽃, 초, 향은 각각 상징적인 의미를 가지고 있습니다.

• 꽃 : 자비의 상징

자비는 사람들의 마음에서 괴로움을 없애주고 기쁨을 안겨

준다.

- 초 : 지혜의 상징

초는 어두운 길을 비추는 빛(사물의 모습을 비추어 또렷하게 보이도록 하는 빛)이고, 부처님의 지혜를 상징한다.

작은 촛불이라도 켜두면 어둠 속에서 사람과 부딪히는 일은 없다. 즉, 올바른 지혜를 가지면 쓸데없는 분쟁을 일으키지 않고 평화롭게 살 수 있다.

- 향 : 정화의 상징(막대기 모양의 향)

향은 향로에 놓기 전에 한 번 이마 앞으로 올린다(오른손의 엄지, 검지, 중지로 향을 잡고, 이마 높이까지 올린다). 이때 나는 향을 이마에 직접 대라고 말한다. 인간의 번뇌나 탐진치(욕심, 분노, 어리석음)가 향에 달라붙게 하기 위함이다.

장례식이나 제사 때 고인 앞에서 향을 올리는 것은 "청정한 마음으로 당신 몫까지 최선을 다해 살아가겠습니다"라고 고인에게 맹세하는 일입니다.

그리고 부처님 앞에 향을 올리는 것은 "부처님께서 그렇게 하신 것처럼 저도 마음의 더러움을 없애고 행복한 세계를 만들겠습니다"라고 맹세하는 일입니다.

이처럼 꽃은 자비, 초는 지혜, 향은 정화의 상징으로서, 삼구족은 불교의 가르침을 이해하기 쉽게 구체적으로 보여줍니다.

불교 행사는 싫다, 불교 행사는 귀찮다, 부모님이 돌아가셔도 불교식 장례는 하지 않고 화장만 하겠다는 사람이 많아지는 이유는 꽃을 바치는 의미, 촛불을 켜는 의미, 향을 올리는 의미가 올바르게 전해지지 않은 탓입니다.

불교 행사는 고인을 그리워함과 동시에 자신의 마음을 깨끗히 하고, 자비의 마음으로 지혜를 싹트게 하기 위한 의식이며, 한 사람 한 사람의 마음을 키우는 예절입니다.

공양供養은 사람人이 함께共 부양한다養는 뜻입니다. 공양은 돌아가신 분의 영혼에 공양물을 바치고 명복을 비는 일이며, 공양물을 바쳐서 고인을 부양하는 일임과 동시에 자기 자신의 마음도 부양하는 일입니다.

36

섹스는 진심으로 사랑하는 사람과
진정한 사랑을 키우기 위한 행위

자신과 다른 사람을 사랑하십시오.
왜냐하면 사랑은 삶의 본질이기 때문입니다.
Love yourself and others, for love is the essence of life.
부처(Buddha)

많은 사람이 오해하는 것이 있습니다. 불교에서는 남녀의 성행위를 부정적으로 본다는 것입니다. 하지만 불교는 남녀의 성적인 사랑을 긍정적으로 보는 교리를 가지고 있습니다. 당나라의 불공不空이 번역한 불경으로 밀교密教의 경전 중 하나인 『이취경理趣經』을 보면 알 수 있습니다.

『이취경』에는 인간의 감촉과 애욕의 수용 과정을 17가지로 정리한 십칠청정구十七清淨句라는 것이 있습니다.

"남녀 교합의 신묘한 황홀함은 청정한 보살의 경지다."

"남녀의 애욕은 청정한 보살의 경지다."

"이성을 사랑하고 서로 껴안는 것도 청정한 보살의 경지다."

십칠청정구는 이런 식으로 남녀의 성행위를 긍정적으로 보고 있습니다.

『이취경』은 진정으로 사랑하는 남녀가 육체적으로 · 정신적으로 맺어지는 것은 청정한 보살의 경지라고 가르치는 경전입니다.

그런데 겉으로만 보면 '성'을 찬양한 내용으로 볼 수 있고, 성행위를 하면 깨달음을 얻는다고 오해할 수도 있습니다.

『이취경』이 말하고 싶은 것은 진정한 사랑이 훌륭하다는 것일 뿐 향락적인 프리섹스를 장려하는 것은 아닙니다.

복엄사에서는 태아 공양을 하는 일이 있습니다. 태아 공양이란 이 세상에 태어나지 못한 생명을 공양하는 일입니다.

10년쯤 전에 18세 여고생으로부터 "임신 중절 수술을 했으니 태아 공양을 해주세요"라는 부탁을 받은 적이 있습니다.

임신 사실을 알자마자 상대 남성은 황급히 모습을 감추었고, 가족과 의논도 하지 못한 채 그 여고생은 혼자서 아이를 지웠다

_____ 부처의 마음

고 합니다. 가족의 승낙을 얻어 장례를 치른 다음, 그녀는 울부짖으면서 나에게 이렇게 말했습니다.

"이 아이는 세상에 나오지 못하고 목숨을 빼앗겼습니다. 과연 극락으로 갈 수 있을까요?"

불교의 세계에서는 인간의 탐욕을 벗어나 깨달음을 얻은 사람이 아닌 경우에는 누구나 지옥으로 간다고 합니다. 그것은 엄마의 배 속에서 죽음을 맞이해 이 세상에 태어나지 못한 태아도 예외는 아닙니다.

태아가 지옥에 가는 이유는 한 가지 중대한 죄를 저질렀기 때문입니다. 부모보다 먼저 죽어서 부모를 슬프게 만든 죄이지요.

불교에서는 자식이 부모보다 먼저 죽어서 부모로 하여금 자식을 애도하게 만드는 일을 역연逆緣이라고 하는데, 역연의 죄를 지은 태아는 심판을 받게 됩니다(안타깝게 이 세상에 태어나지 못한 아이, 사고나 병으로 죽음을 맞이한 아이를 지옥에서 구해주는 분이 지장보살님입니다).

앞의 여고생이 태아의 생명을 빼앗은 것에 죄책감과 상실감을 가지는 것과 마찬가지로, 아이도 가장 사랑하는 엄마를 슬프게 만든 것에 죄의식을 느낍니다. 이 엄마와 아이가 느끼는 슬픔의 밑바닥에 있는 것이 바로 남녀의 성행위입니다.

『이취경』은 남녀의 성행위를 찬양하고 있습니다. 성행위는 결코 더러운 것이 아니라 위대한 사랑의 표현이니까요.

하지만 일시적인 쾌락을 탐닉하기 위한 성행위는 부정적으로 생각합니다. 섹스는 생명을 만들기 위한 중요한 행위이자 진정한 사랑을 키우기 위한 행위니까요.

불교에는 신자들이 지켜야 할 다섯 가지 계율, 즉 5계五戒가 있습니다.

① 불살생不殺生 : 생명이 있는 것을 죽이지 말라.
② 불유도不偸盜 : 남의 물건을 훔치지 말라.
③ 불사음不邪淫 : 음탕한 남녀 관계를 맺지 말라.
④ 불망어不妄語 : 사실 무근의 거짓말을 하지 말라.
⑤ 불음주不飮酒 : 술을 마시지 말라.

세 번째 계율인 불사음은 남녀 관계에서 절도를 지키라는 가르침입니다. 그렇다고 성행위를 부정하는 것은 아닙니다. 성행위

_____ 부처의 마음

가 없으면 새로운 생명이 태어나지 않기 때문이죠.

"욕망이 이끄는 대로 찰나적인 쾌락을 추구해서는 안 된다. 성욕에 지배당해서는 안 된다"는 말처럼 불교에서 경계하는 것은 쾌락의 포로가 되는 일입니다.

37
애인과의 추억이 담긴 물건을 버리면
미련도 함께 버릴 수 있다

사랑은 마음과 마음을 연결하는 다리입니다.
Love is the bridge that connects hearts.
부처(Buddha)

헤어진 애인을 떠올리게 하는 추억의 물건을 가지고 있는 사람이 종종 있는데, 과거나 미련을 계속 짊어지고 있으면 그 무게로 인해 앞으로 나아갈 수 없는 경우가 더러 있습니다.

실연의 고통에서 빨리 벗어나 새로운 사랑을 하고 싶다면 추억의 물건을 버릴 용기를 가져야 합니다.

30대 여성인 B 씨로부터 "헤어진 남성을 잊지 못해서 괴로워요"라는 상담 신청을 받았습니다. B 씨는 5년 전에 6년간 사귄 남성과 헤어졌습니다. 상대 남성은 이미 다른 여성과 결혼해 아이도 낳고 행복하게 살고 있는데, B 씨의 시간은 5년 전에 멈춘 채 아직도 그 남성과의 추억 속에서 살고 있었습니다.

막부 말기와 메이지 시대 초기에 하라 단잔原坦山이라는 승려가 있었습니다.

단잔 스님이 동료 스님과 지방을 돌아다니며 수행할 때의 일입니다. 폭이 좁은 데다 몹시 질척거리는 길 한쪽에서 조심스럽게 걷고 있을 때, 한 소녀가 길 한가운데에서 어찌해야 좋을지 몰라 당황하고 있었습니다. 머리를 빡빡 깎은 덩치 큰 남자가 커다란 짐을 짊어진 채 길을 가로막고 있었던 것입니다.

소녀를 가엾게 여긴 단잔 스님은 진흙탕에 발이 빠지지 않도록 소녀를 껴안고 건네주었습니다(빗물로 물이 불어난 작은 강에서 소녀를 등에 업고 건네주었다는 설도 있습니다).

얼굴을 찡그리면서 그 모습을 지켜보던 동료 스님은 후에 단잔 스님의 행동을 질책했습니다.

"그대는 승려야. 승려는 여인을 멀리해야 하지. 그대가 한 행위는 선승의 얼굴에 먹칠하는 일이야. 앞으로는 그런 짓을 삼가는 편이 좋겠네."

그러자 단잔 스님은 주눅이 들기는커녕 껄껄껄 웃으면서 태연하게 대답했습니다.

"그대는 아직도 그 소녀를 껴안고 있는가? 나는 그때뿐이었다네."

단잔 스님은 "소녀를 의식한 것은 그때뿐이다. 이미 아무런 감정도 남아 있지 않다"고 말한 것입니다. 이 일화는 우리에게 머릿속에 있는 엉뚱한 번뇌나 망상은 그 자리에서 버려야 한다는 것을 가르쳐줍니다.

반면, 동료 스님은 "단잔은 선종의 가르침을 깨뜨리고 여인을 안았다"라는 생각에 계속 사로잡혀 있었습니다. 그래서 진흙탕에서 나온 다음에도 계속 분노를 가지고 있었던 것입니다.

인간의 보편적 괴로움 중에 애별리고愛別離苦란 것이 있습니다.

'애별리고'란 사랑하는 육친이나 친한 사람과 헤어져야 하는 괴로움을 말합니다.

부처님은 애별리고의 괴로움에서 벗어나기 위한 첫걸음으로 자신을 객관적으로 바라보고, 자신의 진정한 모습을 정확하게 하는 것이 얼마나 중요한지 설파했습니다.

『법구경』의 근간이 된 산스크리트어 경전 『우다나품』에는 다음과 같은 시구가 있습니다.

애욕에 휩싸인 사람들은 덫에 걸린 토끼처럼 발버둥 친다.
속박의 인연에 얽매어 집착에서 벗어나지 못하고, 오랫동안 끊임없이 고뇌에 사로잡힌다.
애욕에 휩싸인 사람들은 덫에 걸린 토끼처럼 발버둥 친다.
그러니 수행하는 승려들은 자신의 욕망을 제거하라.
애욕의 숲에서 나오면서 또한 애욕의 숲에 몸을 맡기고, 애욕의 숲에서 벗어나면서 또한 애욕의 숲을 향해 달린다.
그 사람을 보라! 속박에서 벗어났는데도 또한 속박을 향해 달리지 않는가.

애욕의 고통에서 해방되기 위해서는 자신이 덫에 걸린 토끼처럼 발버둥 치고 있다는 사실을 인정해야 합니다. 자신을 객관적으로 보지 못하면 영원히 애욕의 속박에서 벗어나지 못할 것입니다.

사람의 마음은 그릇과 똑같습니다. 그릇에 물을 남겨두면 이윽고 탁해집니다.

그와 마찬가지로 과거에 사로잡혀 있으면 마음은 흐르지 않고 탁해지게 됩니다.

따라서 마음이라는 그릇 안에 고여 있는 물을 퍼내야 하는데, 그러기 위해서는 추억의 물건을 버려야 합니다.

과거를 떠올리게 하는 것, 예를 들면 헤어진 상대로부터 받은 선물이나 메일, 사진 같은 추억의 물건을 하나씩 버립니다. 그것은 과거를 놓아주고 오늘을 살기 위한 작별 의식입니다.

B 씨는 아직 마음속에서 상대를 껴안고 있습니다. 그래서 괴로운 것입니다.

그는 이제 돌아오지 않습니다. B 씨에게 그는 과거의 기억일 뿐입니다. 실연의 상처를 치유하고 새로운 사랑을 만나기 위해서는 지나간 것에 사로잡혀서는 안 됩니다. 한시라도 빨리 놓아주어야 합니다.

B 씨는 작별 의식을 한 다음, 과거의 자신과 지금의 자신을 타인처럼 객관적으로 볼 수 있게 되었다고 합니다. 그리고 새로운 사랑을 향해 걷기 시작했습니다.

38

실연의 상처에서 일어서는
세 가지 단계

....

천 개의 공허한 말보다 더 나은 것은 평화를 가져오는 하나의 말입니다
Better than a thousand hollow words is one word that
brings peace.
부처(Buddha)

....

일하는 여성 110명(22~34세)을 대상으로 한 설문 조사에 따르
면 "'사랑한다'와 '사랑받는다' 중에서 어느 쪽이 행복한가"라는
질문에, '사랑한다 : 13.6퍼센트', '사랑받는다 : 86.4퍼센트'의 답
변이 나왔다고 합니다(2016년 10월, 마이나비 우먼 조사).

사람은 사랑을 주는 것보다 받는 것에 집착합니다. 그리고 사
랑을 충분히 받지 못하면 상대에게 불만과 불안을 품게 됩니다.

상대에게 주는 사랑보다 자신이 받는 사랑이 크지 않으면 만족하지 않는 것입니다.

불교에는 갈애渴愛라는 말이 있습니다.

'갈애'란 말이 목말라 물을 애타게 찾듯이 사람의 마음을 뒤흔드는 어마어마한 욕망을 가리킵니다. 불교에서는 가장 강한 번뇌라고 할 수 있습니다.

이 갈애를 극복하는 것이 인간의 과제라고 부처님은 말씀하셨습니다.

유부남과 불륜 관계에 있다는 여성으로부터 상담 요청을 받은 적이 있습니다.

"그 사람은 저에게 '우리 헤어지자. 아내와 이혼할 수 없어'라고 했고, 저도 그럴 생각이었어요. 그 사람과 함께할 수 없다는 걸 알고 있는데, 거리를 둘수록 오히려 더 간절해져요. 어떻게 하면 그 사람을 향한 집착에서 벗어날 수 있을까요?"

그 사람을 향한 집착이 없어지지 않는 이유는 불륜 상대를 잊으려고 하기 때문입니다.

그를 잊고 싶어 하는 마음은 가슴이 아플 만큼 이해가 되지만, 잊으려고 발버둥 칠수록 그를 떠올리고 그에 대한 집착에 얽매이게 됩니다. 사람의 의지는 그렇게 강하지 않습니다. 그를 잊으려고 아무리 노력해도, 정말로 잊을 때까지는 오랜 시간이 걸립니다. 잊으려고 애를 쓸수록 더욱 생각나기 때문이지요. 이런 모순을 내포하고 있는 것이 인간의 마음입니다.

그에 대한 집착에서 벗어나고 싶다면 잊으려고 노력하지 말아야 합니다. 노력해야 할 것은 오히려 새로운 환경을 만드는 것입니다.

다소 거친 치료법일지 모르지만 불교의 가르침을 바탕으로 제가 만든 '실연한 상대에 대한 집착을 버리는 3단계 방법'을 소개해드리겠습니다.

제1단계

휴대폰, 사진, 편지 같은, 실연한 상대와의 추억이 담긴 '물건'을 모두 처분한다. 상대를 떠올리는 계기가 되는 것은 전부 버리는 것이다. 당신의 마음속에는 아직 상대가 있지만, 상대의 마음속에는 이미 당신이 없다.

제2단계

지금 자신이 얼마나 비참한지 상상해보라. 이미 마음이 떠난 상대에게 가지 말라고 매달리는 것만큼 한심한 짓은 없다.

제3단계

이사, 전직, 배움 등 새로운 환경을 마련하고, 그 환경에 익숙해지도록 노력한다. 상대가 떠오르면 재빨리 지우고, 새로운 일이나 배움에 집중하는 것이다.

유효 기간이 지난 연애는 버려야 합니다. 그러기 위해서는 갈애하는 마음을 자신의 미래를 위한 에너지로 바꾸어 새로운 환경에 자신을 투입해야 합니다. 그러면 실연의 상처를 딛고 일어설 수 있을 것입니다.

39
불교에서 말하는
좋은 남자와 좋은 여자

모든 행동과 결정에 있어 사랑을 지침으로 삼으세요.

Let love be your guide in all actions and decisions.

부처(Buddha)

불교의 우화나 설화에는 수많은 사람이 등장하는데, 제가 남성의 귀감이자 이상적인 모습으로 인정하는 사람은 『유마경』의 주인공 유마거사維摩居士입니다.

유마거사는 비사리라는 도시에 사는 불교 신자인데, 어느 날 병에 걸립니다. 부처님은 제자들과 보살들에게 병문안을 가라고 명했습니다. 그런데 누구 한 사람 병문안을 가지 않았죠.

10대 제자를 비롯해 많은 보살이 유마거사에게 호된 질책을 받은 적이 있었습니다. 유마거사는 그때까지 자신의 깨달음만 중시하는 소승불교에는 비판적이라서, 상대가 10대 제자이든 보살이든 거침없이 비판했기 때문이지요.

유마거사는 자신의 수행만을 목표로 삼지 말고 사회나 다른 사람과 관계를 가져라, 그저 가만히 앉아서 명상만 해서는 안 된다, 자신뿐 아니라 누구나 깨달음의 세계로 갈 수 있는 절대 평등이 본질이라는 주장을 펼치기도 했습니다.

또한 그는 힘 있는 자에게도 굴복하지 않았습니다. 자신을 지키려고 하거나 체면을 생각하는 일도 없고, 많은 사람을 구하기 위해 강한 상대와 싸우는 일도 마다하지 않는 인물이었습니다.

내가 그를 남성의 귀감이라고 여기는 이유는 상대가 누구든 겁내지 않고 "그것은 이상하다!"라고 딱 부러지게 말하는 신념을 가지고 있었기 때문입니다.

한편, 내가 여성의 귀감이라고 생각하는 사람은 『승만경』에 나오는 우칭왕友稱王의 왕비 승만부인勝鬘夫人입니다. 『승만경』은 승만부인이 부처님 앞에서 가르침을 설파하고, 부처님이 그것을 옳다고 승인하는 형태를 취하고 있습니다.

승만부인은 열 가지 맹세와 세 가지 바람을 내세웠는데, 그 맹세와 바람은 살아 있는 모든 것에 대해서 자비의 마음을 가지는

_____ 부처의 마음

것이었습니다.

"부처님, 저는 앞으로 외로워 의지할 데 없거나 구금을 당했거나 병을 앓거나 여러 가지 고난을 만난 중생들을 보게 되면, 그들을 도와 편안하게 하고 고통에서 벗어나게 한 다음에야 떠나겠습니다." (여덟 번째 맹세)

"부처님, 저는 참된 지혜를 얻을 때까지 계율을 범하지 않겠습니다." (첫 번째 맹세)

승만부인의 사랑은 한정된 사랑이나 닫힌 사랑이 아닙니다. 내가 승만부인의 마음에 공감하는 것은 모성을 최대한 발휘해 괴로워하는 모든 사람을 구하고 싶어 하는, 크고 열린 사랑을 가지고 있기 때문입니다.

다른 사람에게 영합해 생각을 바꾸지 않고, 상대가 누구든 옳은 생각을 주장하는 남성. 깊은 사랑과 모성을 발휘해 상대를 가리지 않고 품어주는 여성.

유마거사와 승만부인의 공통점은 많은 사람을 구하고 싶어 하는 마음을 가지고 있다는 것입니다. 자신의 선행으로 다른 사람까지 구하려는 이타심이 두 사람의 매력인 것이죠.

남녀를 불문하고 세상에는 이런저런 콤플렉스를 가지고 있는 사람이 있습니다. 용모나 학력, 직업, 경제 상황 같은 열등감에 휩싸이면 자신감을 잃어버린 채 "그래서 이성한테 인기가 없다" "그래서 일을 할 수 없다" "그래서 나는 매력이 없다"며 자신을 과소평가하게 됩니다.

　하지만 사람의 매력을 정하는 것은 용모나 학력, 돈이 아니라 그 사람의 신념과 삶의 모습 아닐까요?

부처의 마음

40

배우자가 어떻게 살고 싶어 하는지 알고
그렇게 되도록 도와준다

당신이 진정으로 자신을 사랑한다면,
결코 다른 사람에게 상처를 줄 수 없습니다.
If you truly loved yourself, you could never hurt another.
부처(Buddha)

결혼해서 부부가 되면 두 사람의 발걸음을 맞출 필요가 있습니다. 언제 어느 때라도 둘이 의논하고 지혜를 짜내서, 이인삼각으로 나아가는 것이 부부의 올바른 모습입니다.

발걸음을 맞추기 위해서는 배려하는 마음을 가져야 합니다. 자신의 발걸음에 상대를 맞추게 하는 것이 아니라, 자신이 상대에게 맞춰나가는 자세가 중요합니다.

상대의 발걸음에 맞춘다는 것은 상대의 인생을 존중한다는 뜻입니다. 자신에게 하고 싶은 일이 있는 것처럼 상대에게도 하고 싶은 일이 있을 것입니다. 그렇다면 상대가 어떻게 살고 싶어 하는지 알고, 그렇게 되도록 도와주는 것이 배우자의 임무 아닐까요?

내가 잘 아는 B 씨와 A 씨는 보기만 해도 흐뭇한 미소가 나오는 부부입니다.

남편인 B 씨는 결혼하기 전에 암에 걸렸습니다. 수술로 종양을 제거했지만 전이할 가능성이 전혀 없지는 않습니다. 아내인 A 씨는 그것을 충분히 이해한 후에 결혼했습니다.

결혼한 후, A 씨는 일을 그만두고 아직 건강을 되찾지 못한 B 씨를 헌신적으로 보살폈습니다.

남편은 아내가 일에서 보람을 느꼈다는 사실을 알고 있기에 "일주일에 며칠, 몇 시간이라도 좋으니까 예전 직장에서 일하는 게 어떨까?"라고 제안했습니다. 그래서 현재 A 씨는 일을 하면서 가정을 돌보고 있습니다.

A 씨에게 유일한 걱정거리는 남편 B 씨가 매일 밤 술을 마시

_____ 부처의 마음

는 것입니다. 일을 마치고 한잔하는 걸 좋아하는 남편을 보면 차마 마시지 말라고 말할 수가 없었습니다.

그러던 어느 날, 갈수록 늘어나는 남편의 주량을 걱정한 A 씨는 눈물을 흘리면서 말했습니다.

"이건 쓸데없는 고집도 아니고 이기적인 얘기도 아니에요. 내 평생의 소원이니까 이것 하나만은 들어주세요. 내일부터는 제발 술을 마시지 말아주세요."

A 씨는 남편이 술로 하루의 스트레스를 푼다는 사실을 알고 있었습니다. 그래서 일방적으로 술을 끊게 만든 것이 아니라 귀가 후의 남편에게 술 대신 집에서 만든 진저에일을 주었다고 합니다.

현재 남편은 술을 한 방울도 마시지 않습니다. 대신 아내가 직접 만든 진저에일을 술보다 더 즐기고 있죠.

아내의 일을 인정하는 남편.

술 대신 진저에일을 만드는 아내.

두 사람의 모습에서 우리는 서로를 존중하는 자세를 볼 수 있습니다.

불교에는 동행同行이라는 말이 있습니다. 이 말은 똑같은 마음으로 함께 불도를 닦는 사람들을 가리킵니다. 부부는 말 그대로 동행의 존재가 아닐까요?

가마쿠라 시대의 승려 중에 신란이란 스님이 있습니다.

신란 스님은 후에 정토진종浄土真宗의 개조로 추앙받는 인물인데, 대처승을 금기시하던 시대에 두 번이나 아내를 가졌습니다.

첫 번째 아내는 다마히玉日, 두 번째 아내는 다마히가 세상을 떠난 후 얻은 에신니惠信尼라는 여성입니다.

신란 스님은 원래 히에잔比叡山에서 수행을 쌓은 승려였습니다. 그런데 아무리 노력해도 진심이며 청정함을 계속 가질 수 없는 자력自力 수행에 의문을 품고 히에잔을 내려와, 아미타불의 힘에 의지해 타력他力 수행을 하는 호넨 스님을 스승으로 모셨습니다.

그런데 호넨 스님이 주장하는, 오직 '나무아미타불'을 읊조리는 수행 방식이 당시 연력사延暦寺나 흥복사興福寺에서 탄압을 받고, 잘못된 소문으로 고토바 천황의 역린을 건드린 후에는 마침내 염불만을 읊조리는 방식이 금지되기에 이릅니다. 호넨의 문하생은 죽음으로 속죄하거나 환속하고, 신란 스님도 유배형을 받습니다.

그런 비극에도 굴하지 않고 포교에 전념한 신란 스님이 유배를 간 에치고越後에서 만난 아내가 에신니였습니다

훗날 사면을 받고 교토로 돌아온 후에도 여전히 염불에 대한 박해와 탄압은 심했지만, 에신니는 어떤 일이 있어도 신란 스님을 관음보살의 화신이라 믿으며 염불 신앙의 길을 함께 걸어갔습니다. 그리고 신란 스님 또한 에신니를 관음보살의 환생이라 믿었다고 합니다.

결혼한 상대를 관음보살의 환생이라고 여기면 서로 마음에 들지 않는 점도, 화가 나는 점도 전부 부처님께서 내린 시련이고 수행이라고 여길 수 있지 않을까요?

41

무너진 부부 관계를 회복하는
두 가지 가르침

평화는 있는 그대로를 이해하고 받아들이는 데서 비롯됩니다.
Peace comes from understanding and accepting that which is.
부처(Buddha)

부부 관계가 무너지려고 할 때, 기억해야 할 불교의 가르침이
두 가지 있습니다.

하나는 '연년세세화상사, 세세년년인불동年年歲歲花相似, 歲歲年年人不
同'이라는 말입니다.

이것은 당나라 시인 유희이劉希夷의 「대비백두옹代悲白頭翁*」이라는

---

* '흰머리를 슬퍼하는 늙은이를 대신하여'라는 뜻.

고시의 제4절에 쓰여 있는 구절입니다. "해마다 꽃은 똑같이 다시 피지만, 해마다 사람은 늙어서 똑같지 않구나"라는 뜻이지요.

인생은 무상해서 이 세상에 존재하는 것은 끊임없이 달라집니다. 그것이 부처님의 가르침입니다. 사람은 반드시 달라집니다. 인간관계도 부부 관계도 달라집니다. 따라서 결혼 생활을 계속하는 동안 상대가 달라지거나 자신이 달라지는 것은 너무나 당연한 일입니다.

서로 달라지는 것을 전제로, 그래도 상대를 이해하고 돕는 것.

서로 달라지는 것을 전제로, 남편으로서 노력하고 아내로서 노력하는 것.

그게 바로 부부입니다.

부처님은 『육방예경』에서 남편이 아내에게 해야 할 일과 아내가 남편에게 해야 할 일을 각각 말씀하셨습니다.

남편은 다음의 다섯 가지 자세를 가지고 아내에게 최선을 다해야 합니다.

① 아내를 존경할 것.

② 무시하지 않을 것.

③ 다른 여자를 사랑하지 않을 것(불륜을 저지르지 않을 것).

④ 집안 살림을 믿고 맡길 것.

⑤ 때 맞춰서 장신구를 사줄 것.

한편, 아내는 다음의 다섯 가지 자세를 가지고 남편에게 최선을 다해야 합니다.

① 집안일을 잘할 것.

② 친척들을 잘 대우할 것.

③ 다른 남자를 사랑하지 않을 것(불륜을 저지르지 않을 것).

④ 재산 관리를 잘할 것.

⑤ 해야 할 일을 성실하고 근면하게 할 것.

나의 지인인 S 씨는 결혼하고 나서 한 번도 아내에게 선물을 한 적이 없다고 합니다. 아내도 직장에 다니고 있으니 사고 싶은 것은 스스로 사면 된다고 생각한 것입니다. 하지만 『육방예경』의 가르침을 알고 나서는 아내를 향한 노력이 부족했음을 반성하며 아내의 생일에 경차를 선물했다고 합니다.

S 씨의 월급은 결코 많지 않아서 실은 주머닛돈을 탈탈 털어서

차를 선물했습니다. 그리고 아내가 '차가 아니라 아내를 생각하는 남편의 마음'에 감격했다는 사실을 알고, 애정을 형태로 보여주는 것이 얼마나 중요한지 깨달았다고 합니다.

애정을 느끼는 포인트는 사람마다 모두 다릅니다. 돈이나 물건으로 느끼는 사람도 있고, 시간을 같이 보내면서 느끼는 사람도 있으며, 스킨십으로 느끼는 사람도 있고, 말로 느끼는 사람도 있습니다.

물론 이것이 모두 어우러져서 애정 표현이 되지만, 중요한 것은 모든 행위의 이면에 애정이 담겨 있어야 한다는 것입니다. 애정 없는 물건과 애정 없는 시간, 애정 없는 스킨십, 애정 없는 말은 아무리 많이 주어도 상대의 마음속에 스며들지 않습니다. 그렇다고 애정을 마음속에 감추고 있기만 해서는 상대에게 전해지지 않습니다. 사랑은 명사가 아니라 동사니까요.

상대를 아끼는 마음이 있다면 그 마음을 말이나 행동으로 표현해야 합니다. 부부 관계는 쉽게 매너리즘에 빠질 수 있으므로, 때로는 과감하게 애정 표현을 하는 것이 오랫동안 좋은 관계를 유지하는 비결입니다.

결혼 생활에 균열이 생기거나 화가 났을 때는 상대를 비난하기 전에 자신의 노력이 부족했던 것은 아닌지 화살을 자신에게 돌려서 생각해보는 게 어떨까요?

'더는 결혼 생활을 유지할 수 없지 않을까?'

'우리 관계는 끝나버리는 게 아닐까?'

이런 불안에 휩싸일 때는 '사람은 달라진다. 결혼 생활도 달라진다'는 마음으로 돌아와, 자신은 아내로서 또는 남편으로서 노력하고 있는지 돌아보시기 바랍니다. 그러면 두 사람은 다시금 서로를 이해할 수 있을 것입니다.

5장

현재의 순간에
마음을 집중하십시오

42

과거는 이미 흘러간 것이고
미래는 아직 오지 않은 것이다

모든 물리적 고통과 정신적 고통은 무지로부터 나온다.
정신적 고통은 현재의 상황이 다른 것이었으면 하는 바람에서 나온다.
The cause of all pain and suffering is ignorance.
Suffering is wishing things were other than they are.
부처(Buddha)

우리는 과거를 살 수 없습니다. 미래를 살 수도 없습니다. 우리가 살 수 있는 것은 지금 이 순간뿐입니다.

불교는 지금 살고 있는 현재를 중요하게 생각하는 종교입니다. 부처님은 이미 지나간 과거가 아니고 아직 보지 못한 미래도 아니고, 지금 이 순간을 열심히 살아감으로써 후회 없는 인생을 보낼 수 있다고 말씀하셨습니다.

내게 상담을 신청한 M 씨는 어린 시절 부모로부터 학대를 받았습니다.

초등학교와 중학교, 고등학교에서는 친구들에게 심한 괴롭힘을 당하고 교사한테도 무시를 당했습니다.

'나는 왜 태어난 걸까. 태어나지 않았으면 이런 고통은 겪지 않아도 됐을 텐데⋯⋯.'

발달 장애와 정신 장애로 두 번 입원하고, 미래에 대한 절망으로 스스로 목숨을 끊으려고 한 적도 있습니다.

M 씨는 사람은 모두 더럽고 추악하다며 인간을 혐오하고, 모두 사라졌으면 좋겠다는 식의 파괴적인 생각에 사로잡혀 있었습니다. 하지만 한편으로 '나도 세상도 달라졌으면 좋겠다'는 한줄기 희망을 버릴 수 없었습니다. 삶과 죽음 사이에서 M 씨의 마음은 계속 흔들린 것입니다.

M 씨를 괴롭히는 것의 정체는 과거의 기억과 미래의 망상입니다. 과거의 자신은 기억 속의 자신이고, 미래의 자신은 망상 속의 자신이지요.

과거의 자신도 미래의 자신도 머릿속에 있는 자신일 뿐, 지금 이 순간을 살고 있는 육체를 가진 자신과는 다릅니다. 과거를 돌아보며 자책하거나 미래를 떠올리며 겁을 먹는 것은 지금 이 순간을 살지 않기 때문입니다.

_____ 부처의 마음

『대가전연일야현자경大迦旃涎—夜賢者經』이라는 경전에 「일야현자의 노래」라는 시가 수록되어 있습니다. 일야—夜는 하룻밤이고, 현자賢者는 오늘 하루 게으름 부리지 않고 열심히 노력하는 사람, 오늘 해야 할 일을 열심히 하는 사람을 가리킵니다.

과거는 쫓지 마라.

미래는 바라지 마라.

과거는 이미 흘러간 것이고, 미래는 아직 오지 않은 것이다.

그러니 지금 존재하는 것만을 있는 그대로 정확히 보아야 한다.

흔들리지 말고 동요하지 말고 정확히 보고 실천해야 한다.

다만 오늘 할 일을 열심히 하라.

내일은 누가 죽을지 어찌 알겠는가.

아무도 저 죽음의 군대와 마주치지 않을 수는 없다.

이와 같이 잘 아는 사람은 한마음으로

게으름 없이 실천하려고 한다.

이와 같은 사람을 일야현자라고 하고,

마음을 평정한 자라고 일컫는다.

M 씨는 내가 말해준 「일야현자의 노래」를 큰 종이에 써서 벽

에 붙이고, 매일 밤 잠들기 전에 소리 내어 읊조렸다고 합니다.

시간이 지나자 M 씨에게 변화가 나타나기 시작했습니다.

최초의 변화는 동물들과의 관계였습니다. 공원 벤치에 앉아 있으면 비둘기나 고양이를 만날 때가 있는데, 예전에는 들고 있는 과자를 주거나 휘파람을 불어도 동물들이 가까이 다가오는 일이 없었습니다. 그런데 어느 순간부터 동물들이 먼저 다가왔다고 합니다.

다음에 나타난 변화는 사람과의 관계입니다.

사람을 싫어해서 사람 만나기를 꺼려했던 M 씨는 그때까지 사람을 피하며 살아왔습니다. 당연히 아무도 그에게 말을 걸지 않았고, 대화하는 일도 없었습니다. 그런데 마트에 가거나 엘리베이터를 타려고 할 때, 사람들이 먼저 말을 걸었습니다.

M 씨는 과거를 원망하고 과거에 사로잡힘으로써 자신의 껍데기에 틀어박혀 있었다는 사실을 깨달았습니다. 무의식중에 몸과 마음이 딱딱해져서 주변에 위압적인 기운을 발산해 사람이 다가올 수 없는 벽을 만들었다는 사실도 깨달았습니다.

그 후에는 일에도 변화가 나타났습니다. 그때까지는 아르바이트도 지속할 수 없어서 생활이 안정되지 않았는데, 정사원으로 취직하게 된 것입니다.

지금 M 씨의 방에는 「일야현자의 노래」를 쓴 종이가 없다고 합니다. 수도 없이 읊조렸기에 완전히 외워버린 것입니다.

M 씨는 틈만 있으면 「일야현자의 노래」를 읊조림으로써 과거를 극복하고 미래의 희망을 잡았습니다. 지금 그에게 있는 것은 과거의 괴로운 기억이 아니라 미래에 대한 즐거움뿐입니다.

나는 세 살 때 불경을 배우고 열 살에 승적僧籍을 취득했습니다. 하지만 엄격한 스승과 딱딱한 관습, 절집 아이라는 쑤군거림과 중압감에 반발해 몇 번이나 절을 뛰쳐나갔습니다. 절에서 태어난 것을 원망하며 어머니에게 "어머니는 지금까지 계속 내가 하고 싶은 일을 막았잖아요!"라고 폭언을 퍼부은 적도 있습니다.

과거를 한탄하고 미래를 걱정하며 절대로 스님은 되지 않겠다고 결심한 나에게, 지금 이 순간을 사는 것이 얼마나 중요한지 가르쳐주신 분이 있습니다. 오하이오 대학의 밀러 교수님입니다.

당시 아이치현 고마키시에 오하이오 대학의 분교를 유치하기로 했는데, 예정지 주변을 시찰하기 위해 복엄사를 방문한 밀러 교수님을 내가 안내하게 되었지요. 고등학교 3학년 때였습니다.

"자네는 장차 스님이 될 건가?"

밀러 교수님의 질문에 나는 "절대로 되고 싶지 않습니다"라고 대답했습니다. 그러자 밀러 교수님은 이렇게 말씀하셨습니다.

"스님이 되지 않아도 좋으니까 불교 공부를 해보면 어떻겠나? 불교 공부를 하는 것과 스님이 되는 것은 달라. 기독교든 불교든 종교를 배운다는 것은 역사와 사상, 문화를 다면적으로 배우는 것이고, 인간을 아는 것이지. 그것은 지금의 자네에게 필요한 교양이라고 생각하네. 불교를 배운 다음에, 그래도 스님이 되고 싶지 않다면 다른 일을 하면 그만이고. 장차 어떤 일을 할지는 그때 생각하면 되지 않을까? 앞으로 어떻게 될지 모르는 미래 때문에 오늘의 가능성을 닫을 필요는 없네."

나는 '절집 아이로 태어났으면 스님이 되어야 한다' '대학에서 불교학을 전공하면 평생 그 길로 나아가야 한다'고 생각해 뒷걸음질을 쳤던 것입니다. 과거와 현재와 미래는 모두 연장선에 있고, 그것이 같아야 한다고 생각했던 것이죠.

그런데 밀러 교수님을 통해 '절집 아이로 태어났어도 스님이 될 필요는 없다'라는 선택지가 있음을 알게 된 순간, 어깨의 힘이 빠지는 것 같았습니다. 그 이후 나는 고마자와 대학 불교학부에 입학했습니다.

과거의 사건을 잊지 못해 괴롭고 또 괴로워서 절망에 빠져 있을 때, 보이지 않는 미래를 걱정해 두렵고 또 두려워서 좌절에 빠져 있을 때, 그럴 때는 「일야현자의 노래」를 읊조려보시기 바랍니다. 분명히 '지금 이 순간의 자신'은 과거의 자신도 미래의 자신도 아니라는 사실을 깨달을 수 있을 것입니다.

몸과 마음에 상처를 입었다고 해도 그것은 기억에 불과할 뿐, 지금 이 순간에 일어나는 일은 아닙니다. 과거는 이미 흘러갔고, 이미 지나간 일은 고민하지 않아도 됩니다.

앞이 보이지 않는 미래에 겁을 먹고 두려워한다고 해도 그것은 망상에 불과할 뿐, 미래는 아직 다가오지 않았습니다. 그러니 쓸데없는 걱정은 하지 않아도 됩니다.

인생에서 가장 중요한 것은 두 번 다시 오지 않는 지금 이 순간을 열심히 사는 게 아닐까요?

43

인간은 자극이 없으면 살아갈 수 없다
하지만 자극이 많아도 살아갈 수 없다

조용히 있으면 우주의 흐름 들을 수 있습니다. 리듬을 느낄 것입니다.
이 흐름을 따라가세요. 행복은 앞서 있습니다. 명상이 핵심입니다.
If you are quiet enough, you will hear the flow of the
universe. You will feel its rhythm. Go with this flow.
Happiness lies ahead. Meditation is key.
부처(Buddha)

"인간은 자극이 없으면 살아갈 수 없다. 영양소가 없으면 인간
의 몸이 움직이지 않는 것처럼 자극이 없으면 인간의 마음은 움
직이지 않는다"라고 부처님은 말씀하셨습니다.

자극은 마음을 움직이는 에너지이고, 마음의 자양분입니다.

하지만 한편으로 자극이야말로 괴로움의 시작이라는 것을 부
처님은 알고 계셨습니다.

섹스, 도박, 마약처럼 강한 쾌감이나 흥분을 동반하는 행위는

자극을 향한 억제하기 힘든 욕구로 인해 사람을 괴로움에 빠뜨립니다.

사람은 자극에서 살아갈 힘을 얻으면서도 자극에 의해 자멸하는 경우도 있습니다. 그 극과 극의 성질을 가진 인간의 어리석음을 부처님은 지켜보았습니다. 자극을 에너지로 삼으면서 자극의 노예가 되지 않고 마음의 균형을 취하는 것이 부처님의 수행이었던 것입니다.

나의 스승이 어느 노부부로부터 상담 신청을 받은 적이 있습니다. 아들이 도박과 술에 빠져 재산을 탕진하고 폭력을 휘두른다는 것입니다. 아들의 나이는 60세. 노부부는 90세가 넘었고, 아버지는 심각한 병을 앓고 있었습니다.

"아들이 그런 상태라서 죽어도 눈을 감을 수 없습니다. 그 녀석을 죽이고 우리도 죽고 싶은 심정이에요."

양친의 간절한 호소를 듣고 스승은 아들 A 씨를 불렀습니다. A 씨는 마음을 바꿔먹겠다고 약속했지만 그 후에도 방탕한 생활을 끊지 못했지요. 거부할 수 없을 만큼 강한 자극에 농락당하면서 그만두고 싶어도 그만둘 수 없는 처지였던 것입니다. 그리고 결국 A 씨는 스스로 목숨을 끊음으로써 인생을 마감했습니다.

'도박과 술의 자극에서 벗어나려면 죽는 수밖에 없다.'

그것이 A 씨가 내린 슬픈 결론이었지요.

고마자와 대학에 다닐 때, 도쿄도 오타구에 있는 초밥집에서 아르바이트를 한 적이 있습니다. 목적은 빨리 돈을 모아서 오토바이를 사는 것이었죠. 더구나 배달 아르바이트를 하면 오토바이를 연습할 수 있어서 일부러 초밥집을 선택했습니다.

그때 초밥집의 젊은 주인 M 씨는 자신의 경험담을 말하며 이렇게 조언해주었습니다.

"오토바이를 안전하게 타기 위해서는 대형 이륜 면허에 도전하는 편이 좋아. 대형 이륜 면허는 눈속임이 통하지 않아서, 자기 실력이 얼마나 미숙한지 알 수 있지. 미숙함을 아는 게 실력이 좋아지는 비결이거든."

나는 M 씨의 조언대로 대형 이륜 면허를 따고 나서 오토바이를 사기로 했습니다. 무사히 시험에 합격한 후 M 씨에게 보고하기 위해 초밥집에 갔더니, M 씨는 환하게 웃으며 축하 선물을 주겠다고 했습니다. '최고급 초밥이라도 먹여주려나?' 하고 식탐을 부리고 있을 때, M 씨는 자신의 나나한(배기량 750cc의 대형 오토바이) 열쇠를 주면서 이렇게 말했습니다.

_____ 부처의 마음

"이걸 타고 집에 가. 명의 변경은 자네가 직접 하고. 단, 내가 준 오토바이를 타다가 넘어져서 죽기라도 하면 부모님 뵐 낯이 없으니까 목숨만은 소중히 생각해야 해."

그 이후 M 씨가 경정장競艇場(선박을 이용한 경주장. 베팅 방식은 경마와 비슷하다)에 데려가준 적이 있습니다. M 씨의 취미는 경정이었는데, 그 오토바이는 경정의 배당금으로 산 것이라고 합니다.

현금으로 남기면 그 돈을 다음 경정의 '군자금'으로 사용해 욕심을 부리게 되고, 필요 이상으로 욕심을 내면 자멸한다고 생각해 큰맘 먹고 오토바이를 샀던 것입니다.

경정장에서는 도박의 자극에 빠진 사람들을 흔히 볼 수 있었습니다. M 씨는 그날도 수만 엔의 배당금을 받았는데, 얼굴에 웃음이 끊이지 않던 M 씨가 갑자기 진지한 표정으로 말했습니다.

"도박으로 거금을 벌어도 그것은 질 나쁜 악전惡錢에 불과해. 조금이라도 땀을 흘리며 스스로 번 돈이 훨씬 소중한 법이지. 자네는 일도 그렇고 오토바이도 그렇고, 한 번 관심을 가진 것에 빠지기 쉬운 성격 같더군. 도박뿐만 아니라 어떤 것이라도 너무 빠지면 인생을 잃어버릴 수 있지. 자네에게 이 말을 꼭 해주고 싶었네."

나는 지금도 오토바이를 탈 때마다 M 씨로부터 들은 교훈을 떠올리곤 합니다.

"선을 넘을 때까지 자극을 추구해서는 안 된다."

자극의 노예가 되지 않기 위해서는 자극을 멀리해야 합니다. 자극으로부터 눈을 돌리고 귀를 돌리고 코를 돌리고 입을 돌리고 피부를 돌리는 것입니다. 자극에 빠져서 허덕이지 않기 위한 가장 좋은 방법은 바로 참선입니다.

참선을 하면 뇌의 피로가 줄어듭니다. 사람은 뇌가 피로하거나 자극에 마비되면 이성적으로 생각할 수 없게 됩니다. 그러면 더 강렬한 자극으로 생리적 욕구를 채워서 잠시라도 후련한 느낌을 얻고 싶지요. 가끔 달고 매운 음식을 먹고 싶거나 담배를 피우고 싶거나 시끄러운 음악을 큰 소리로 듣고 싶을 때가 있는데, 이는 뇌가 피로하다는 증거입니다.

그런 경우 사람은 뇌에 자극을 주는데, 그렇게 자극을 줄수록 뇌는 자극에 익숙해지고 더 강한 자극을 요구하게 됩니다. 그러면 더 강한 자극을 제공하는 상품이나 서비스가 생겨나고, 다시 한 단계 높아진 수요와 공급의 악순환이 반복되지요. 이것이 현대의 병입니다.

_____ 부처의 마음

참선은 이러한 뇌와 심신의 마비를 정화하고 치료하는 힘을 가지고 있습니다.

시간을 내어 조용하고 한가로운 곳에서 심신을 가다듬고 앉아 있으면, 자신이 그동안 얼마나 강렬한 자극을 추구했는지 알 것입니다. 그때는 자극을 추구하는 마음을 억누르지 말고 순순히 인정하고 관찰하세요. 그러면 신기하게도 흥분이 가라앉고 욕심이 없어지는 감각을 즐길 수 있을 겁니다.

『숫타니파타』에 부처님이 악마와 대치하는 장면을 그린 다음과 같은 글이 있습니다.

"나는 이와 같이 지내며 최상의 고통을 받아들이고 있으므로, 내 마음은 감각적 쾌락에 대한 기대가 없다. 보라, 존재의 청정함을! 그대의 첫 번째 군대는 욕망, 두 번째 군대는 혐오라 불리고, 그대의 세 번째 군대는 기갈, 네 번째 군대는 갈애라 불린다. 그대의 다섯 번째 군대는 권태와 수면, 여섯 번째 군대는 공포라 불리고, 그대의 일곱 번째 군대는 의혹, 여덟 번째 군대는 위선과 고집이라 불린다."

여기에서 말하는 '악마'는 부처님 자신이 느끼는 자극에 대한 갈망, 즉 욕심을 말합니다. 그때 부처님이 자신의 욕심과 싸우는 방법이 바로 참선이었습니다. 조용히 앉아서 무턱대고 자극을 추구하는 마음을 바라보는 것, 그게 바로 참선입니다.

자극에 빠져서 농락당하는 것은 인간이 어리석은 생물이기 때문입니다. 부자도 가난한 사람도, 왕도 평민도, 사장도 직원도, 선생도 학생도, 노인도 젊은이도 어리석다는 점에서 평등하다고 부처님은 말씀하셨습니다.

자신의 어리석음을 알고 인정한 후에 그 어리석음을 극복해나가는 데 인생의 참된 묘미가 있다고 나는 생각합니다.

부처의 마음

44

생명을 소중히 한다는 것은
지금 이 순간을 소홀히 하지 않는다는 것

....

과거에 살지 마십시오.
미래를 꿈꾸지 마십시오.
현재의 순간에 마음을 집중하십시오.
Do not dwell in the past, do not dream of the future,
concentrate the mind on the present moment.
부처(Buddha)

....

1998년 이후, 자살하는 사람이 14년 연속 3만 명을 넘었습니다.

현재는 조금 줄어들었지만 그래도 2018년 2만 840명이 자살을 선택해 스스로 목숨을 끊었지요.

기독교에서 자살은 큰 죄입니다. 신의 모습을 본떠서 만든 인간이 스스로 목숨을 끊는 것은 신에 대한 모독이자 반항이기 때문이지요.

하지만 창조신을 내세우지 않는 불교에서는 자살을 긍정도 부정도 하지 않습니다. 부처님이 스스로 목숨을 끊어서는 안 된다고 직접적으로 말씀하신 적은 없습니다. 다만 완곡하게 이렇게 말씀하셨을 뿐입니다.

"자극이나 욕망의 노예가 되어서 오늘 할 일을 소홀히 하면, 그것은 살아 있지 않은 것과 똑같다. 자극이나 욕망에 휘둘리고 있는 스스로의 어리석음에 눈을 뜨거라. 눈을 뜬 그 순간, 스스로 목숨을 끊는다는 선택지는 없어진다."

어느 날, 한 어머니가 자살하고 싶어 하는 딸을 데리고 나를 찾아왔습니다.

고등학교 3학년인 A양은 실연과 대학 입시 실패로 인해 마음의 병을 얻고, 과식과 자해 행위를 반복했습니다. 가족이 모두 잠든 후 배고픔을 채우기 위해 비누를 먹은 적도 있다고 합니다.

두 사람을 객실로 안내하고 이야기를 들을 때였습니다. 입을 다문 채 조용히 고개를 숙이고 있던 A양이 갑자기 내 눈앞에서 손목을 그었습니다. 눈 깜짝할 사이에 벌어진 일이었지요.

다행히 상처가 깊지 않아서 출혈은 즉시 멈추었습니다.

A양이 진정되기를 기다렸다가 나는 말했습니다.

"손목의 상처를 보십시오. 당신은 죽고 싶어 하며 지금까지 몇 번이나 손목을 그었지요. 하지만 당신의 몸은 그렇게 생각하지 않습니다. 그 증거로 당신의 마음과는 상관없이 당신의 몸은 상처 입은 순간부터 살아남기 위해 모든 에너지를 사용해서 엄청난 속도로 회복하려고 하고 있지요. 당신이 어떻게 생각하든 몸은 살고 싶어 합니다. 그게 바로 생명입니다."

A양은 자신에게는 살아갈 가치가 없다고 스스로를 부정했습니다. 하지만 이 세상에 가치 없는 사람은 하나도 없습니다. 사람은 이 세상에 태어난 것만으로도 살아갈 가치가 있는 것입니다.

부처님은 태어나자마자 일곱 걸음을 걷고 '천상천하 유아독존'이라고 말했다고 합니다. 그것은 하늘 위와 하늘 아래에 오직 나 홀로 존귀하다는 뜻입니다.

우리는 모두 천상천하에 단 한 사람이고, 무엇과도 바꿀 수 없는 존재입니다. 인간은 어떠한 조건을 얻어서 존귀해지는 것이 아닙니다. 능력과 학력, 재산, 지위, 건강하거나 건강하지 않음을 초월해 무엇 하나를 더하지 않아도 모든 인간의 목숨은 존귀합니다.

'나'라는 존재는 살아 있는 것만으로 존귀합니다. 그런 사실을 무시하고 생명을 함부로 다루는 행위는 어리석은 짓 아닐까요?

부처님은 "생명은 지금밖에 없으니 그 생명을 소중히 하십시
오"라고 설파했습니다.

생명을 소중히 한다는 것은 과거의 추억에 매달리는 것도 아
니고 미래의 자신을 상상하는 것도 아닙니다. 자신의 생명은 지
금밖에 없다고 생각하며 살아 있는 지금을 함부로 대하지 않는
것입니다.

⎯⎯⎯⎯ 부처의 마음

45

분노의 감정을 극복하는 첫걸음은 '나는 지금 화가 났다'고 인정하는 것이다

친절한 것이 옳은 것보다 중요합니다.
대체로 사람들이 원하는 건 똑똑한 말을 하는 명석한 두뇌가 아니라
이야기를 들어주는 따뜻한 가슴입니다.
To be kind is more important than to be right. Mainly times
what people want is not a brilliant mind that speaks but a
special heart that listens.
부처(Buddha)

심리학 강의를 하는 여성 강사 K 씨로부터 상담 신청을 받은 적이 있습니다.

K 씨는 마음에 관해 체계적으로 공부해서 지금은 멘털 트레이너로 활약하고 있습니다. 하지만 강사로서 자신과 가정으로 돌아간 후의 자신에게 간극을 느끼고 있다고 합니다.

심리학을 공부해 이론적으론 잘 알고 있고 강사로서 다른 사람을 가르치는 위치에 있음에도 불구하고, 자신의 마음이 흐트러

지고 화내고 싶을 때가 있어서 고민된다는 것이었습니다.

K 씨를 괴롭히는 원인은 두 가지입니다. 그중 하나는 사람의 감정을 지식으로만 해결하려 한다는 것입니다.

무로마치 시대에 잇큐 소준—休宗純이라는 승려가 있었습니다. 많은 일화를 남긴 인물로 에도 시대에는 『잇큐 이야기』라는 설화집이 나오고, '지혜의 잇큐'라는 별명이 있을 만큼 널리 알려진 분입니다. 특히 '병풍의 호랑이 퇴치' 설화는 그림책이나 동화의 소재로도 유명합니다.

무로마치 막부의 3대 장군 중 한 명인 아시카가 요시미쓰가 어느 날 잇큐 스님을 불러 어려운 문제를 냈습니다.

"병풍 그림에 있는 호랑이가 밤이면 밤마다 병풍을 빠져나가 난동을 부리고 있습니다. 스님의 지혜로 호랑이를 잡아주시지 않겠습니까?"

"그러면 호랑이를 병풍에서 내쫓아주십시오. 그러면 이 잇큐가 당장 잡아드리겠습니다."

이 말을 들은 요시미쓰는 감탄을 금할 수 없었다고 합니다.

심리학과 코칭, NLP*처럼 사람의 마음을 체계적으로 이해하는

---

* Neuro Linguistic Programming. 인간 행동의 긍정적인 변화를 이끌어내는 기법을 종합해놓은 신경 언어 프로그래밍.

일은 매우 중요합니다. 하지만 사람의 마음도 병풍의 호랑이와 똑같지 않을까요? 즉, 나오지 않는 것을 퇴치하거나 극복할 수는 없는 일입니다.

K 씨는 심리학을 배우면 마음의 평정을 유지할 수 있고, 분노의 감정도 솟구치지 않을 거라 생각했습니다. 그런데 분노가 솟구치지 않으면 분노의 감정을 극복할 수 없는 것 아닐까요?

'병풍의 호랑이 퇴치'에 숨어 있는 뜻은 "자기 안에서 일어난 문제는 그 문제가 일어났을 때 해결하면 된다"는 것입니다.

나는 이 설화를 문제가 일어나지도 않았는데 쓸데없이 걱정하고, 쓸데없이 지식을 쌓고, 쓸데없이 당황하는 인간의 어리석음을 비유한 것이라고 해석합니다.

또 하나는 자신의 마음이 나약하다는 사실을 인정하지 않는 것입니다.

미얀마의 어느 사원에서는 지금 자신의 마음과 감정을 팻말에 써서 목에 건 채 수행을 한다고 합니다. 기분이 좋다, 기쁘다, 조바심이 난다, 화가 난다 등 자신의 마음을 자세히 관찰해서 주변 사람에게 전하는 것입니다. 자신의 마음을 객관적으로 바라보면 주변 사람과의 충돌을 피할 수 있기 때문입니다.

한편, 나에게 상담을 신청한 K 씨는 자신이 심리학 강사인 이상, 화내거나 슬퍼하거나 스트레스를 받아서는 안 된다고 생각해 스스로의 마음을 부정하고, 자신은 마음의 문제를 극복하고 있다는 연기를 하고 있는 것이나 마찬가지였습니다. 그래서 실제의 자신과 연기하는 자신 사이에서 괴로워하고 있었던 것입니다.

K 씨는 지금 자신의 감정을 부정하지 말고, 자신이 마음 공부를 했지만 현재 화가 났다는 사실을 인정해야 합니다. 나는 화가 났다, 나는 분노하고 있다는 걸 알아차리고, 자신의 마음을 스스로 깨달으면 냉정함을 되찾을 수 있습니다. 분노를 극복하는 첫걸음은 자신의 감정을 인정하는 것입니다.

선사에는 자신의 마음을 제어하는 강력한 방법이 있는데, 바로 울력입니다.

울력이란 정리정돈을 하거나 청소를 하는 것입니다. 겨우 정리정돈이나 청소냐고 여길지 모르지만, 울력을 철저하게 하면 몸과 마음에 쌓인 분노나 부정한 에너지가 놀라울 만큼 깨끗하게 사라집니다.

정리는 불필요한 걸 버리는 것이고, 정돈은 원래의 위치에 놓아두는 것이며, 청소는 새 물건의 빛을 계속 유지하는 것입니다.

_____ 부처의 마음

단, 막연히 정리정돈과 청소를 하는 것이 아니라 이러한 의미를 머릿속에 새기고 울력을 합니다. 울력을 하면 분노가 가라앉는 이유는 두 가지입니다.

첫째, 온몸의 근육을 움직임으로써 분노의 에너지가 사물이나 상대에게로 향하는 게 아니라 신체 밖으로 방출된다.

둘째, 마음을 정리정돈하고 청소한다는 생각으로 울력을 철저하게 하면 마음에 달라붙었던 응어리나 복잡하게 뒤얽혔던 머릿속 생각이 간단하게 정리된다.

도저히 견딜 수 없을 만큼 화가 났을 때, 폭발할 것 같을 때, 갈곳 없는 에너지를 사물과 상대에게 쏟거나 마음속에 억누르지 마세요. 그 대신 철저하게 울력을 해서 몸과 마음을 가라앉히고 정화하는 게 좋습니다.

자기도 모르는 사이에 익숙해지면 분노가 솟구칠 때마다 몸이 평안해지고, 정신이 맑아지는 기쁨과 즐거움을 느낄 수 있을 것입니다.

46

상대가 욕을 해도 받아들이지 말라
받아들이지 않으면 화가 나지 않는다

모든 잘못은 마음 때문에 생깁니다.
마음이 변하면 잘못된 행동이 남을 수 있겠습니까?
All wrong-doing arises because of mind. If mind is
transformed can wrong-doing remain?
부처(Buddha)

험담이나 비난, 중상모략을 들었을 때는 슬프고 억울한 마음이
드는 게 인지상정입니다. 하지만 슬프거나 분한 것은 상대의 말
을 받아들이고 그것에 반론하고 싶기 때문 아닐까요?

부처님이 라자그리하(고대 인도 마가다 왕국의 수도)에서 설법할
때, 바라문교의 젊은 승려로부터 근거 없는 비난과 험담, 중상모
략을 들은 적이 있습니다.

그 승려는 많은 사람의 존경을 받는 부처님을 질투해서, 한 가

지 꾀를 생각해냈습니다.

'그에게 온갖 욕설을 퍼부으면 화를 내고 욕설로 대꾸하겠지. 그러면 그를 존경하는 사람들은 그 즉시 등을 돌리고 떠날 거야.'

평범한 사람이라면 욕설을 욕설로 되받아칠 것입니다. 또는 상대의 말에 상처를 입고 고개를 숙일지도 모릅니다.

하지만 부처님은 화를 내거나 상처를 입고 슬퍼하지 않았습니다. 단지 조용히 듣고 있을 뿐이었습니다.

그리고 상대가 "왜 화를 내지 않나요?"라고 묻자 이렇게 대답합니다.

"바라문이여, 그대의 집에 온 손님한테 음식을 대접했다고 하세. 손님이 식사를 하지 않으면 남은 음식은 누구 것이 되는가? 당연히 그대의 것이 되겠지. 그와 마찬가지로 나는 그대가 쏟아낸 욕설을 받지 않겠네. 그러면 그 욕설은 그대의 것이니 그대로 가져가게나."

부처님은 "바윗덩어리가 바람에 흔들리지 않듯이 현자는 비난과 찬사에 동요하지 않는다"라고 말씀하셨습니다.

부처님이 동요하지 않은 것은 엉뚱한 비난과 중상모략을 받아들이지 않았기 때문입니다. 그런 걸 받아들이지 않으면 조바심이 생겨나는 일도 없지 않을까요?

어느 회사의 신상품 기획 회의에서 상품기획부의 A 부장이 신상품 아이디어와 판매 계획에 대한 프레젠테이션을 했습니다.

그 기획 회의에 참가한 사람은 임원 20명이었는데, A 부장의 설명이 끝나자마자 영업부의 B 부장이 물고 늘어졌습니다. 평소 A 부장을 탐탁지 않게 생각해온 B 부장이 일부러 트집을 잡은 것입니다.

"A 부장의 아이디어는 항상 새로운 점이 없습니다. 판매 계획이 너무 안일한데, 그래서는 영업부가 고생할 수밖에 없습니다."

20여 분에 이르는 B 부장의 비난은 대부분 객관성과 근거가 없는 중상모략으로, A 부장을 질투한다는 게 뻔히 눈에 보였습니다.

하지만 A 부장은 한마디도 되받아치지 않고 조용히 귀를 기울였습니다. 그리고 B 부장의 반론이 끝나자 이렇게 말했습니다.

"귀중한 의견, 감사합니다."

A 부장은 B 부장의 비난을 받아들이지 않은 것입니다.

B 부장은 자신이 A 부장을 비난하면 누군가가 맞장구칠 거라

고 생각한 듯합니다. 그런데 B 부장의 편을 드는 임원은 한 사람도 없었지요.

A 부장이 제안한 신상품은 B 부장을 제외하고 18명의 승인을 얻어 무사히 상품화되었고, 현재 히트 상품으로 성장하고 있습니다.

임원들의 승인을 얻은 이유는 물론 신상품이 매력적이었기 때문일 겁니다. 하지만 B 부장의 비난을 받아들이지 않고 유연하게 대처한 A 부장의 자세가 상품화에 한몫했다고 할 수 있지 않을까요? B 부장에게 무슨 말을 들어도 동요하지 않았던 A 부장의 대범한 모습에 임원 18명이 공감한 것입니다.

B 부장은 A 부장을 비난함으로써 아군을 잃었습니다. 반면에 A 부장은 한 귀로 듣고 한 귀로 흘려보낸 덕분에 많은 아군을 얻었습니다.

자신한테 욕설을 하는 상대에게 똑같은 말로 욕설을 해줄 필요는 없습니다. 분노에 분노로 대응하는 것은 불에 기름을 붓는 행위이고, 말다툼은 서로의 마음속에 증오만 키울 따름입니다.

47

절망적인 슬픔에서
자신의 마음을 구하는 방법

....

과거가 얼마나 힘들었는지 상관없이,
당신은 항상 다시 시작할 수 있습니다.
No matter how hard the past, you can always begin again.
부처(Buddha)

....

인생의 깊은 슬픔이나 어려움에 직면했을 때, 자신의 마음을
구하는 방법이 있습니다. 바로 기도하는 것입니다. 기도는 사람
의 마음을 치유해줍니다.

2011년 3월 11일에 발생한 동일본 대지진은 많은 사람에게 상
상도 할 수 없는 피해를 안겨주었습니다.

당시 나도 자원봉사자로 현지에 가서 진흙탕을 파내고 잔해를

철거하며 가재도구 옮기는 일을 했는데, 피해자 중 한 사람이 이런 부탁을 했습니다.

"겐쇼 씨는 스님이라고 하던데, 그렇다면 독경을 해주시지 않겠어요?"

갈 곳 없는 분노와 슬픔, 한없는 절망에 빠진 대피소에서 나는 불경을 읊었습니다. 독경을 마쳤을 때, 한 여성이 이렇게 말했습니다.

"우리에게 남은 건 우는 것밖에 없다고 생각했어요. 하지만 우는 것뿐만 아니라 기도할 수도 있다는 걸 알았어요. 독경의 내용은 잘 모르겠지만, 기도를 하니 마음이 좀 진정되는 것 같아요."

그 여성의 이야기를 듣고 나는 소중한 사람을 잃고 절망의 밑바닥에 있는 사람 옆에서 같이 기도해주는 것이 승려의 중요한 임무라는 걸 새삼 깨달았습니다.

아이치 대학 대학원에서 종교학을 전공할 때, 영국인 강사인 팀 피츠제럴드 교수가 '불교 의식의 기능'에 관해 다음과 같은 가르침을 주셨습니다.

"일본에서나 외국에서나 오랜 인생을 함께한 상대가 먼저 세상을 떠났을 때, 커다란 상실감으로 인해 우울증에 빠지는 사람이 있지요. 조사 결과, 그 수치가 일본보다 외국에 압도적으로 많다고 해요. 그 이유는 일본에 불교 의식이 많기 때문이랍니다.

일본에서는 장례식, 고별식, 초칠일 법요식, 49재가 있고, 명절 제사와 기제사도 있지요. 이런 의식이 많으면 고인과 마주할 기회가 많기 때문에, 그 사람의 죽음을 받아들일 수 있어요. 슬픔을 극복하는 첫걸음은 그 사람이 세상에 없다는 걸 인정하는 것인데, 일본은 서양에 비해 시간을 들여서 죽음을 받아들이는 의식이 확립되어 있는 거죠. 그래서 우울증에 걸리는 사람이 많지 않은 거예요."

기도라는 행위를 통해 상처받은 마음이 조금씩 치유됩니다. 견디기 힘든 슬픔이나 스트레스를 받았다면 두 손을 모으고, 살아 있는 모든 것의 괴로움이 없어지길 바라며 기도해보세요.

슬픔이나 괴로움을 경험한 사람은 자신과 똑같이 슬퍼하고 괴로워하는 사람의 마음을 이해할 수 있습니다.

자기 이외에 이 세상 모든 생명을 사랑하라는 것이 부처님의 가르침입니다. 기도할 때는 반드시 이 세상에 살아 있는 모든 것의 행복을 바라십시오. 이 세상에 살아 있는 모든 것을 위해 기도

하면 이기심이 줄어들고 배려의 마음을 키울 수 있습니다.

인간에게 가장 사랑스러운 존재는 뭐니 뭐니 해도 자기 자신입니다. 우리는 무의식중에 자신은 특별한 존재라고 생각합니다. 그리고 '나'라는 티끌처럼 작은 것을 기준으로 사물을 보기에 고민하고 괴로워하는 것입니다.

인간은 혼자서 살 수 없습니다. 가족만으로도 살 수 없습니다. 아직 본 적도 만난 적도 없는 사람을 포함해 수많은 인간관계 속에서 살고 있습니다. 인간뿐만 아니라 산도, 나무도, 동물도, 자연계에 존재하는 모든 생물이 어딘가에서 이어지고 서로 뒤얽히면서 비로소 살아갈 수 있는 것입니다.

그것을 모르거나 잊어버린 채 '나만 행복하면 된다. 다른 생명은 내 삶에 방해만 된다'고 생각하면, 결국 자신의 목을 조이는 결과로 이어집니다.

그래서 부처님은 '나'라는 자아를 주장하기 전에 살아 있는 모든 생명의 행복을 바라는 자비심과 배려심을 키우라고 하신 것입니다.

부처님의 말씀을 기록한 『법구경』에는 생물에 대한 폭력을 훈계하는 구절이 있습니다.

"모든 생물은 폭력에 겁을 먹고 두려워한다. 모든 생물에게 생명은 사랑스럽다. 자기 몸처럼 여겨서 죽여서는 안 되고 죽이게 해서도 안 된다."

지금까지 설명한 말과 모순된 것 같지만, 모든 생명은 남의 생명을 빼앗기도 하고 생명 있는 것을 먹기도 하고 자기 생활을 위협하는 것을 배제하며 살고 있습니다. 그것이 현실입니다.

그렇기에 부처님은 이렇게 말씀하셨습니다.

"그것을 당연하게 여겨서는 안 된다. 작은 벌레라도, 그것이 스스로를 사랑하는 생명임을 잊어서는 안 된다. 그렇게 하지 않으면 자신의 친구가 아닌 사람, 자신의 이익을 방해하는 사람은 죽여도 된다는 곳까지 발전한다."

지구상에서 가장 지성이 발달한 생물은 인간입니다. 그런데 인간만이 욕심이나 분노에 휩싸여 자기 이외의 생명을 대량으로 학살하는 전쟁을 일으키는 한편, 인간만이 인간 이외의 생명을 불쌍히 여기며 지킬 수 있습니다.

자신의 지성과 마음을, 다른 생명을 함부로 빼앗는 방향이 아니라 이 세상에 살아 있는 모든 생명의 행복을 위해 기도하는 방향으로 키워나가는 건 어떨까요?

부처의 마음

48

폭포 밑으로 떨어지는 게 두렵다면
노들 들고 열심히 저어라

매일 아침 우리는 다시 태어납니다.
오늘 우리가 하는 일이 가장 중요합니다.
Each morning we are born again. What we do today matters
most.
부처(Buddha)

불교에는 무명無明이라는 말이 있습니다. '무명'이란 진리가 밝
혀지지 않은 상태, 즉 무지無知를 말합니다.

"인생에서 인간의 고뇌와 불안은 모두 무명에서 시작된다"라
고 부처님은 말씀하셨습니다.

고뇌와 불안에서 해방되기 위해서는 진리를 알아서 무명을 없
애야 합니다. 고뇌의 근본 원인과 불안의 근본 원인이 무엇인지
알아야 하는 것입니다.

고뇌의 근본 원인은 제법무아諸法無我의 진리를 이해하지 못한 데에서 기인합니다.

'제법무아'란 자기 자신이 절대적인 존재가 아니라고 생각하는 것입니다. 모든 사람이 자기를 중심으로 의식을 전개해 '내 생각은 반드시 옳다' '내가 지금 생각하는 것은 절대적이다' 하며 강한 자아를 가지는 탓에, 자신의 생각대로 되지 않으면 고뇌에 휩싸이는 것입니다.

자아에 의해 태어나는 고뇌에는 두 종류가 있습니다. 의미 있는 고뇌와 의미 없는 고뇌입니다. 의미 있는 고뇌는 노력에 의해 극복할 수 있는 고뇌이고, 의미 없는 고뇌는 자신의 능력과 힘으로는 대처할 수 없는 고뇌입니다.

이를테면 대학 입시가 한 달 남은 고등학생이 있다고 가정합시다. 이 학생의 성적이 하위권이라면, '도쿄대에 합격하지 못하면 어떡하지?' 하는 것은 의미 없는 고민입니다. 아무리 기를 써도 실현될 가능성이 매우 적기 때문입니다.

하지만 '지금 성적은 하위권이지만, 반년 후에 중위권이 되기 위해서는 어떻게 하면 좋을까?' 하는 것은 의미 있는 고민입니다. 게으름을 부리지 않고 열심히 공부하면 실현할 가능성이 있

_____ 부처의 마음

기 때문입니다.

　사람은 누구나 고민에 휩싸입니다. 그런 경우에는 그것이 의미 있는 고민인지, 의미 없는 고민인지를 냉정히 바라보는 것이 중요합니다. 의미 있는 고민이라면 열심히 노력해서 극복하고, 의미 없는 고민이라면 집착하지 말고 과감히 버리시기 바랍니다.

　부처님은 "자신의 힘으로 어찌할 수 없는 일을 고민하는 것은 무명이다"라고 말씀하셨습니다.

　이 세상의 모든 일은 자신의 뜻대로 되지 않고, 자신을 중심으로 움직이는 것도 아닙니다. 자신을 둘러싼 환경이 바뀌면 생각도 바뀌어야 합니다. 영원히 변하지 않는 자아 같은 것은 없으므로 자신이 절대적이라고 생각하지 말아야 합니다.

　불안의 근본 원인은 제행무상諸行無常의 원칙을 잊은 것에서 기인합니다.

　제행무상이란 "이 세상의 모든 것은 결코 영원한 것이 아니라 끊임없이 변한다. 이 세계는 머물지 않고 태어나며, 이윽고 사라지는 것의 반복이다"라는 불교의 기본 개념입니다.

　생명은 결코 안정된 것이 아닙니다. 그것이 자연계의 법칙이지요. 하지만 자연계에 사는 다른 동물과 달리 우리 인간은 고도로 발달한 뇌 덕분에 무의식중에 자신의 생명이 유한하다는 사실을 알고 있습니다. 즉, 안정되지 않기 때문에 안정되고 싶다는 것이 불안의 정체인 것입니다.

세계는 항상 변하고 있습니다. 어떻게 변할지, 미래에 어떤 일이 일어날지는 아무도 모릅니다. 예상할 수 없는 미래에 관해 멋대로 추측하고, 어느 누구도 모르는 미래에 대해 고민하는 것은 무명이자 무지한 행동이라고 부처님은 말씀하셨습니다.

그런데 아직 보지 못한 미래에 불안을 느낀다면 어떻게 하는 게 좋을까요?

부처님은 스스로를 바꾸라고 하셨습니다. 주변의 말에 휩쓸리는 자신에서, 목적을 향해 깨우치며 살아가는 자신으로 바꾸라고 말이지요.

목적을 가지고, 그곳에 이르는 구체적인 지식이나 방법을 알아내 성장을 향해 스스로 진화하는 것입니다.

이를테면 자신이 탄 보트가 격류에 떠내려 간다고 합시다.

그때 '이대로 떠내려 가면 어떻게 될까? 거친 물살에 휘말려 전복되는 게 아닐까? 만약 이 앞쪽에 폭포가 있다면 그대로 떨어지는 게 아닐까?' 하고 불안을 느낄지도 모릅니다.

폭포 밑으로 떨어지는 게 두렵다면 노를 들고 열심히 저으라는 것이 부처님의 가르침입니다.

보트가 전복되지 않기를 바라거나 폭포 밑으로 떨어지지 않기를 바란다고 해서 상황은 달라지지 않습니다. 그렇다면 자신이 달라지는 수밖에 없지 않을까요?

인생이라는 강물의 흐름에 몸을 맡기고 그대로 떠내려 가는 것이 아니라, 비록 조금씩 떠내려 갈지라도 열심히 노를 저으면 어떻게 될까요? 언젠가는 건너편 기슭으로 갈 수 있지 않을까요?

고민이나 불안이 있다고 해서 어리석은 사람은 아닙니다. 고민이나 불안의 정체를 알아보기는커녕 아무것도 하지 않는 사람이 어리석은 사람입니다.

부처님의 가르침을 한마디로 말하면 게으름 부리지 말라는 것입니다. "자신의 인생을 남에게 맡기지 말라. 게으름 부리지 말고 열심히 정진하라." 이것이 바로 부처님의 가르침입니다.

인생은 끊임없이 성장하기 위한 과정입니다. 고민이나 불안이 스멀스멀 피어오르면 게으름 부리지 말고 열심히 노력하고 또 노력합시다. 그러면 모든 고민과 불안을 극복하고, 자신감과 성장을 손에 넣을 수 있습니다.

49

조바심을 가라앉히는
가장 간단한 방법

....

자신의 인생을 행복하게 만들기 위해서는
타인의 인생도 행복하게 만들어야 합니다.
To make your own life happy, you must make the lives of
others happy as well.
부처(Buddha)

....

복엄사에는 1년 내내 이런저런 의식과 행사가 있습니다. 그중
에서도 가장 사람이 많은 것은 매년 12월, 수천 명이 참석하는
'복엄사 아키바 대제秋葉大祭'입니다.

복엄사 아키바 대제는 무로마치 시대부터 540년간 이어져 내
려오는 전통 있는 불 축제입니다.

이 축제는 기도와 불 걷기라는 두 가지 의식을 통해, 화재 예방
의 신으로 알려진 아키바 산샤쿠보 다이곤겐秋葉三尺坊大權現의 덕을

기리고, 3독毒을 가라앉히기 위해 열고 있습니다.

아키바 산샤쿠보 다이곤겐의 덕이란 두 가지 불을 제어하는 힘을 말합니다. 하나는 화재를 일으키는 물리적인 불을 제어하는 힘, 또 하나는 3독, 즉 욕심과 분노 그리고 어리석음이라는 마음의 불을 제어하는 힘입니다.

2015년에 복엄사 주지가 된 이후, 나는 이 대제를 알리기 위해 동분서주했습니다. 이 축제가 고뇌를 가진 사람들에게 새로운 첫 걸음을 내딛는 각오와 용기를 준다고 여겼기 때문입니다.

아키바 산샤쿠보 다이곤겐을 모신 본전에서 기도를 올리면서 어리석음을 반성하고, 몸을 태우는 듯한 불길을 걸어서 건너는 불 건기 의식을 통해 탐욕과 분노와 어리석음이 얼마나 무서운 독인지 참배자가 온몸으로 실감하는 것입니다.

인간의 감정은 순간적으로 갑자기 폭발하는 게 아닙니다. 몇 가지 불씨가 그을음을 내고 합쳐지면서 조금씩 화력이 강해집니다.

조바심과 분노를 진정시키려면 마음의 불길이 타오르기 전인 불씨 상태에서 진화해야 합니다. 사람이 조바심의 불씨를 갖게 되는 것은 자신에 대한 집착이 너무 강하기 때문입니다. 다시 말해, 자신을 너무 소중히 생각하고 너무 좋아하기 때문입니다. 소중한 것이 망가졌을 때, 사람의 마음에는 조바심이 싹트게 마련

_____ 부처의 마음

이니까요.

아이가 싸구려 그릇을 깨뜨렸을 때는 화가 나지 않았는데, 고급 접시를 깨뜨리면 화가 나는 것은 싸구려 접시보다 고급 접시가 더 소중하기 때문입니다.

자신을 너무나 좋아하는 사람은 스스로를 지나치게 소중히 생각한 나머지, 자기 뜻대로 되지 않는 상황을 극단적으로 두려워합니다.

자기 생각대로 되지 않을 때, 화가 나거나 조바심이 솟구치는 것은 방어 본능의 일종입니다. 다른 사람을 공격함으로써 소중한 자신을 지키려고 하는 것이죠.

어떻게 하면 조바심의 불씨를 끌 수 있을까요? 불교에서 마음의 불씨를 끄는 처방전으로 제시하는 것은 바로 명상입니다.

그렇다고 참선을 하거나 마음을 가라앉히고 부처님께 기도하라는 것은 아닙니다. 명상은 마음을 무無로 만들고 조바심을 억제하는 것이 아니라, 조바심이 나는 자신을 인정하고 온몸으로 느끼는 것입니다. '나는 지금 조바심이 나고 있다. 이 스멀스멀 피어오르는 느낌은 분노의 감정이다'라고 자기 자신을 객관적으로 바라보는 것이 명상입니다.

조바심이 날 때, 대부분의 사람은 조바심이 나지 않는 척을 합니다. 주변 사람이 "그런 걸로 조바심 내지 마"라고 지적할 때 "내가 언제 조바심을 냈다고 그래!" 하고 되받아치는 것은 조바심이 난 자신을 인정하고 싶어 하지 않는 반발심 때문입니다.

분노나 조바심의 감정은 억누르려고 하면 오히려 반발해서 커지기 쉽습니다. 조바심이 나는 자신을 알아차리고 지금 조바심이 나기 시작한다는 걸 인정한 순간, 마음을 진정시킬 수 있는 것입니다.

당나라 북종선北宗禪의 승려 신수神秀는 다음과 같은 말을 남겼습니다.

"몸은 깨달음을 깃들게 하는 나무이고, 마음은 진실을 비추는 맑은 거울이다. 그러므로 번뇌와 망상, 잡념의 먼지나 티끌로 더럽히지 않도록 항상 닦아야 한다."

조바심을 가라앉히는 가장 간단한 방법은 지금 조바심이 났음을 인정하는 것입니다.

하지만 한 번 휘두른 분노의 주먹을 가라앉히는 것은 쉬운 일이 아닙니다. 따라서 평소에 자신이 어떤 감정을 가지고 있는지, 왜 그런 감정이 생겼는지 객관적으로 바라볼 필요가 있습니다.

조바심이 최고조에 도달하고 나서 자신의 감정과 마주하지 말

_____ 부처의 마음

고, 평소부터 명상에 신경 써야 합니다. 거울이 더러워지고 나서 닦지 말고 더러워지지 않도록 매일 닦는 것입니다.

마음속에서 생긴 불씨는 활활 타오르기 전에 그때마다 진화하는 것이 좋습니다.

명상을 통해 마음에 생긴 작은 더러움이나 조바심을 그때마다 닦으시기 바랍니다. 그러면 조바심과 멀어질 수 있을 것입니다.

학창 시절에 선배로부터 '자신의 감정을 바라보는 노트 쓰는 법'을 배웠습니다.

매일 자기 전에 하루를 되돌아보고, 노트 왼쪽 페이지에는 그날 느낀 마이너스 감정을, 오른쪽 페이지에는 플러스 감정을 쓰는 것입니다. 처음에는 놀랍게도 왼쪽 페이지가 많이 채워지고, 오른쪽 페이지에는 거의 쓸 게 없었습니다. 그런데 한동안 써나가자 점차 왼쪽 페이지에 쓰는 일이 적어지고, 오른쪽 페이지에 쓰는 일이 많아졌습니다.

조바심이 자주 나는 사람, 남들과 자주 충돌하는 사람, 일에서 실수를 자주 하는 사람에게 이 방법을 권했더니 노트가 한 권 채워질 무렵에는 모두 자신의 감정을 온전히 바라볼 수 있게 되고, 조바심도 줄어들었다고 합니다.

50

괴로움을 없애고
마음의 평온을 찾는 법

....

당신 자신도 이 우주에 있는 그 누구 못지않게
당신의 사랑과 애정을 받을 자격이 있습니다.
You yourself, as much as anybody in the entire universe,
deserve your love and affection.
부처(Buddha)

....

불교의 창시자인 부처님은 붓다가야의 보리수 밑에서 괴로움
을 없애고 깨달음의 경지에 도달하기 위한 진리인 사제팔정도四
諦八正道를 깨우쳤다고 합니다.

• 사제 : 불교의 네 가지 기본적 진리. 괴로움은 다른 사람으
로부터 초래되는 게 아니라 모두 자신의 마음속에서 태어
납니다.

부처의 마음

① 고苦 : 인생에는 괴로움이 넘치고, 모든 것은 자기 뜻대로

되지 않는다는 것을 안다.

② 집集 : 괴로움의 원인은 마음의 더러움이라는 것을 알고,

그것을 관찰한다.

③ 멸滅 : 괴로움을 멸하면 마음의 평안을 얻을 수 있다는 것

을 안다.

④ 도道 : 괴로움을 멸하기 위한 실천 방법이 있다는 것을 안다.

• 팔정도 : 인생은 괴로움의 연속이고, 괴로움의 원인은 집

착에서 태어납니다. 부처님은 집착을 끊으면 깨달음을 얻

을 수 있다고 판단해서, 그 상태에 도달하기 위한 여덟 가

지 올바른 실천 방법을 가르치셨습니다.

① 정견正見 : 존재의 진실을 올바르게 본다. 존재란 변화이고,

모든 것은 순간순간 변하는 존재임을 인정한다.

② 정사유正思惟 : 탐욕, 분노, 어리석음을 피하고 올바르게 생

각한다.

③ 정어正語 : 상대를 행복하게 하는 말을 한다.

④ 정업正業 : 남에게 폐를 끼치지 않고 방해가 되지 않도록 행

동한다.

⑤ 정명正命 : 남에게 공헌한다.

⑥ 정정진正精進 : 올바르게 노력한다.

  1) 지금 자신이 가지고 있는 나쁜 점을 고치기 위한 노력.

  2) 아직 한 적이 없는 나쁜 짓을 하지 않으려는 노력.

  3) 자신이 가지고 있는 좋은 점, 지금 하고 있는 좋은 일을 더 성장시키려는 노력.

  4) 아직 한 적이 없는 좋은 일을 적극적으로 하려는 노력.

⑦ 정념正念 : 자신을 올바르게 관찰할 것.

⑧ 정정正定 : 올바르게 마음을 통일할 것. 조용한 환경에서 참선할 것.

불교를 한마디로 말하면, 괴로움을 떼어내기 위한 가르침입니다. 불교의 목적은 괴로움의 근본을 알고 그 괴로움을 적게 하는 것입니다.

사제팔정도를 실천하면 괴로움을 떼어내고 마음의 평안을 얻을 수 있습니다. 지혜를 깨달음으로써 지금까지 보이지 않던 것이 보이고, 독선에 사로잡혀서 보았던 것이 있는 그대로 보이기 때문입니다.

나는 절에서 태어나 부처님의 제자로 자랐습니다. 세 살 때 경전을 듣고, 다섯 살부터는 장례식이나 불교 의식에 참석하면서 1만 가구가 넘는 가정과 관계를 맺었습니다.

그런 체험을 통해 실감한 것은, 사람에게는 참으로 다양한 삶이 있고 다양한 죽음이 있다는 점입니다.

죽음은 그 사람의 삶을 나타냅니다. 그 사람이 생전에 가지고 있던 인생의 문제가 사후에 단번에 솟구치는 것입니다.

추도식을 하기 위해 각 가정을 돌아다니다 보면 깨닫는 것이 있습니다. 불단을 제대로 지키고 부처님의 가르침을 현실에서 살리는 집안은 번성하고, 관습이니까 어쩔 수 없이 행사를 치르기는 하지만 가능하면 귀찮은 설교는 듣고 싶지 않다는 태도로 임하는 집안은 쇠퇴한다는 사실입니다.

물론 번성하는 모든 집안이 사제와 팔정도를 숙지하고 실천하는 것은 아닙니다.

하지만 불교 행사를 할 때 그런 이야기를 기쁘게 듣고, 매일의 생활 속에서 일부라도 적극적으로 실천하려는 사람이나 가정은, 가령 커다란 파도에 휩쓸리는 일이 있더라도 그곳에서 다시 궤도를 수정해 마음의 평안과 행복을 잡을 수 있습니다.

괴로움은 자기도 모르는 사이에 쌓아온
삶에 대한 SOS 신호다

산다는 것은 마음으로 생각한 것을 입으로 말하고 행동으로
나타내는 일입니다.

불교에서는 이런 몸과 입과 마음의 행위를 신구의身口意 삼업三業
이라고 합니다. 신구의(행동과 말과 생각)의 방향성이 일치해야 비
로소 우리 심신은 모순 없이 쾌적하게 살 수 있습니다. 신구의 중
하나가 일그러지거나 어긋나면 불쾌감이나 위화감이 드는데, 그
것이 바로 괴로움입니다.

중요한 것은 괴로움을 일시적인 쾌락으로 어물쩍 넘기거나 피
하지 않고, 마주하며 괴로움에서 배우는 것입니다.

괴로움에서 배운다는 것은 어떤 뜻일까요? 괴로움이란 과거에

당신이 쌓아온 신구의 삼업의 결과라는 사실을 아는 것입니다.

다시 한번 강조하지만 산다는 것은 마음으로 생각한 것을 입으로 말하고 행동으로 나타내는 일입니다. '매일 무슨 생각을 하고, 무슨 말을 하고, 무슨 행동을 하는가?' 그것이 쌓이고 쌓여서 괴로움이라는 결과도 초래하고 행복이라는 결과도 초래하는 것입니다.

병에 걸리기 쉬운 생활 습관도 있고, 병에 걸리지 않는 생활 습관도 있습니다.

그와 마찬가지로 괴로움을 만들기 쉬운 삶도 있고 괴로움에서 멀리 떨어진 삶도 있습니다. 이 책을 읽는 당신은 그런 사실을 빨리 깨닫고, 새로운 걸음을 내딛으시기 바랍니다.

새로운 걸음이란 삶의 방식을 바꾸는 것입니다.

병을 계기로 건강하게 살려는 것처럼, 괴로움을 계기로 삶의 방식을 바꾸는 것입니다.

이렇게 괴로움을 떼어내고 행복으로 향하는 삶의 방식이 바로 불교입니다.

제가 주지로 있는 복엄사는 아이치현 고마키시에 있는 작은 지방 사찰입니다. 결코 편리한 곳에 있는 것도 아니고, 국보나 유명한 가람으로 알려진 사찰도 아닙니다.

하지만 매일 전국 각지, 세계 각지에서 사람들이 참배하러 찾아옵니다. 또한 유튜브의 「다이구 스님의 일문일답」을 본 분들로부터 매일 상담 신청이나 감사의 편지가 도착합니다.

이 에필로그를 쓰는 도중에도 "유튜브에서 「다이구 스님의 일문일답」을 보고 새 삶을 얻었습니다" 하며 한 남성이 선물용 과자를 들고 인사하러 오셨습니다. 회사를 경영하는 그 남성은 괴로움의 밑바닥에서 목숨을 끊으려고 했지만 「다이구 스님의 일문일답」을 보고 생각을 바꾸었다고 합니다.

또한 절은 사후의 장례식을 하는 곳만도 아니고 승려가 수행을 하는 곳만도 아닙니다. 부처님의 지혜와 자비심을 사람들에게 전하고 사람들을 안심으로 이끌기 위해 존재합니다.

불교에서 가르치는 것은 불상에 절하는 방법도 아니고, 세상과 현실을 떠나는 방법도 아닙니다. 모든 사람이 더 안심하고 잘 살 수 있도록 하는 부처님의 말씀입니다.

부디 용기를 가지고 한 걸음 내딛으시기 바랍니다.

그리고 당신만의 밝은 등불을 켜시기 바랍니다.

대구 겐쇼

눈과 귀를 단련하고
코와 혀를 단련하라.
감각은 단련되면 좋은 친구가 된다.
행동으로 몸을 단련하고, 말로 혀를 단련하고,
생각으로 마음을 단련하라.
이러한 단련이 그대를 슬픔에서 벗어나게 하리라.

부처

Train your eyes and ears;

train your nose and tongue.

The senses are good friends when they are trained.

Train your body in deeds, train your tongue in words,

train your mind in thoughts.

This training will take you beyond sorrow.

Buddha

부처의 마음

괴로움을 내려놓고 즐겁게 사는 지혜

1판 1쇄 인쇄 2024년 10월 20일 | **1판 2쇄 발행** 2024년 11월 29일 | **지은이** 다이구 겐쇼 | **번역** 이선희 | **발행인** 허윤형 | **펴낸곳** (주)황소미디어그룹 | **주소** 서울 마포구 성지길 25-11(합정동, 오구빌딩) | **전화** 02 334 0173 | **팩스** 02 334 0174 | **홈페이지** www.hwangsobooks.co.kr | **인스타** @hwangsomediagroup | **등록** 2009년 3월 20일(신고번호 제 313-2009-54호) | **ISBN** 979-11-989350-0-7(03100) @2024 다이구 겐쇼